国家社科基金项目"工农两部门劳动生产率'不收敛之谜'与城乡融合路径研究"（编号:22BJY209）

"一户一田"的实践探索与经济效应研究

张成鹏◎著

"YIHU YITIAN" DE SHIJIAN TANSUO
YU JINGJI XIAOYING YANJIU

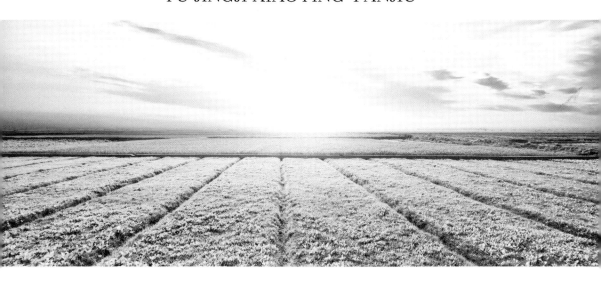

中国财经出版传媒集团

经济科学出版社
Economic Science Press

·北京·

图书在版编目（CIP）数据

"一户一田"的实践探索与经济效应研究／张成鹏
著 . -- 北京 ： 经济科学出版社，2024. 7. -- ISBN 978 -
7 - 5218 - 6072 - 6

Ⅰ. F323

中国国家版本馆 CIP 数据核字第 2024UZ8933 号

责任编辑：汪武静
责任校对：王肖楠
责任印制：邱　天

"一户一田"的实践探索与经济效应研究

张成鹏　著

经济科学出版社出版、发行　新华书店经销

社址：北京市海淀区阜成路甲 28 号　邮编：100142

总编部电话：010 - 88191217　发行部电话：010 - 88191522

网址：www. esp. com. cn

电子邮箱：esp@ esp. com. cn

天猫网店：经济科学出版社旗舰店

网址：http：//jjkxcbs. tmall. com

西安华明印业有限公司印装

710 × 1000　16 开　11. 25 印张　200000 字

2024 年 7 月第 1 版　2024 年 7 月第 1 次印刷

ISBN 978 - 7 - 5218 - 6072 - 6　定价：58. 00 元

（图书出现印装问题，本社负责调换。电话：010 - 88191545）

（版权所有　侵权必究　打击盗版　举报热线：010 - 88191661

QQ：2242791300　营销中心电话：010 - 88191537

电子邮箱：dbts@ esp. com. cn）

前言
Preface

　　1978 年深冬，安徽凤阳小岗村 18 位村民以"托孤"的方式按下红手印，开启了家庭联产承包责任制的探索，推动了中国农地制度的重大变革。家庭联产承包责任制极大地调动了农民生产积极性，推动了农业生产力发展，使农村发生了翻天覆地的变化。然而，家庭联产承包责任制按农户人口平均分配耕地的方式客观上加大了农地细碎化程度，农地细碎化会降低经营效率、影响农户非农就业，成为农业发展和农民增收的障碍，限制农地制度红利的进一步释放。

　　农为邦本，本固邦宁。当今中国面临百年未有之大变局，化解农地细碎化问题，确保农业稳产增产和农民稳步增收，对于保障粮食安全，实现乡村全面振兴具有重要意义。为更好地解决农地细碎化问题，山东、安徽、陕西、河南等地一些村组借助土地确权登记颁证和当地农地大调整契机，自发组织实施了"一户一田"，一定程度上缓解了农地细碎化问题，实现了农户农业和非农经济效应的共同提升。

　　"一户一田"是指村集体通过土地调整、土地互换等方式，将原来每户分散在多处、面积相对较小的承包地调整为一块大面积承包地的地块整合办法。针对"一户一田"这一旨在化解农地细碎化的新兴实践，本书探讨了以下五个问题：一是"一户一田"是如何实践探索的？二是农户对"一户一田"的评价如何？三是"一户一田"对生产成本有何影响？四是"一户一田"对粮食单产有何影响？五是"一户一田"对农户非农就业有何影响？

本书在对农户行为等理论分析基础上，运用了中国农业大学经济管理学院"一户一田"研究团队于 2020 年在山东省济宁市和德州市收集的 714 份调研数据，采用 OLS 回归模型、工具变量（IV）、Logistic 模型、中介效应模型等方法进行实证研究，结论如下：

第一，"一户一田"基本情况与相关结论。"一户一田"作为一种诱致性制度变迁，其顺利实施的原因在于农户预期收益大于成本，同时村干部较高的威信和公平科学的方案也为其顺利实施提供了保障。整体而言，"一户一田"取得了良好的实施效果，符合减少耕种时间、方便机械种植和降低种植成本等初衷，但也面临一些的制度障碍和现实困境。

第二，农户对"一户一田"的评价较高。农户对实施"一户一田"的意愿强烈，而且村组内土地资源禀赋差异、地块数量、块均面积、距家均距离、农户年龄、非农收入占比、是否信任村干部等因素都会显著影响农户"一户一田"的实施意愿。此外，农户对"一户一田"的满意程度很高，且实施"一户一田"后，满意程度与地块数量呈显著负相关。

第三，"一户一田"可以通过实现规模经济显著降低粮食生产成本。在其他条件不变的情况下，实施"一户一田"会使小麦和玉米单位产量总成本分别下降 5.8% 和 6.6%。

第四，"一户一田"可以通过优化劳动力配置、促进要素投入和改进生产条件显著提高粮食单产。在其他条件不变的情况下，实施"一户一田"会使小麦和玉米单产分别提高 4.5% 和 4.2%。"一户一田"对不同农户粮食单产的影响具有明显异质性，即实施"一户一田"后，仅从事农业劳作和家中非农劳动力少的农户，其粮食单产增幅更为显著。

第五，"一户一田"可以通过提高种植户农业劳动效率和扩大流转户土地流转比例显著增加非农就业人数。实施"一户一田"对农户非农就业人数具有稳定的正向影响，并且对于经济关联度高的农户非农就业促进作用更加明显。具体而言，所在地区经济发展水平高、村庄距离县城近的农户中，实施"一户一田"调整后，他们非农就业人数增加更为明显。此外，"一户一田"还会影响农户非农就业质量。

为化解农地细碎化问题，进一步降低生产成本、增加粮食产量和促进农民非农就业，进而实现粮食稳产保供、农民持续增收和乡村全面振兴，本书提出以下政策建议：第一，允许在农户实施意愿强烈的村组通过土地调整实现"一户一田"，改善农地细碎化格局，进一步释放土地制度改革红利。第二，地方政府应避免"一刀切"推进地块整合，宜根据不同地区实际情况，因地制宜、稳妥有序实施。第三，完善实施方案，推进各项改革发挥协同作用，加强监管以防权力寻租。第四，政府应做好劳务培训和劳务输出工作，确保"一户一田"释放的农业劳动力能够顺利有效转移，从而促进非农就业。

本书在写作过程，感谢郭沛教授和科研团队成员的指导和帮助。郭沛教授在研究选题、方法选择和文稿修改等方面倾注了大量心血。孙小龙、陈俞全、吕静、邹晓蔓、王亚军、张雅欣、王晓丽、康宽、康威、侯昊天、庞晓丽、谢悦、张志远、陈培磊、李梦琪、彭浩、姚峰峰、王恒、王希龙、许文虎、郭东旭、张颜、李哲远等亦有贡献。

张成鹏

2024 年 3 月 21 日

目 录
Contents

第1章 绪 论

1.1 时代背景与研究意义

1.1.1 时代背景

农为邦本，本固邦宁。当今中国面临百年未有之大变局，国际局势为中国经济社会发展带来不稳定因素。化解农地细碎化问题，确保农业稳产增产、农民逐步增收、农村稳定安宁，对于充分发挥"三农"压舱石作用具有重要意义。为有效地治理农地细碎化，山东、安徽、陕西和河南等地一些村组借助土地确权登记颁证和农地大调整的契机，自发组织实施了"一户一田"，不仅在一定程度上解决了农地细碎化问题，而且实现了农户农业和非农经济收益的共同提升。

作为一种方兴未艾的制度探索，"一户一田"引发了学者们的关注。但学者们更多研究的是"一户一田"的具体做法和运行机制，以及通过案例研究来分析局部地区的实施效果。"一户一田"为何在全国一些地区自发出现？未实施"一户一田"农户的实施意愿如何？已实施"一户一田"农户的满意度如何？"一户一田"对于生产成本、粮食产量、非农就业等方面的影响能否经得住实证检验？目前鲜有文献给出解释或进行总结。

全国第二轮土地承包到期后再延长 30 年试点正在开展,此时研究"一户一田"实践经验,对农户实施"一户一田"的意愿、满意度以及实施效果进行评估具有重要意义。鉴于此,本书基于微观调查数据,试图对以上问题做出回答,进而为解决农地细碎化,优化农村土地二轮延包方案,进一步释放土地制度改革红利提供有益借鉴。

1.1.2 研究意义

本书理论意义体现在对"一户一田"研究文献的丰富与拓展。学术界目前缺少对"一户一田"形成机理的分析和实施效果的实证检验。本书在对"一户一田"形成机理研究基础上,通过山东省实地调研数据研究"一户一田"农户实施意愿和满意度,评估"一户一田"对生产成本、粮食产量和非农就业等方面的影响,以期补充相关研究,作出边际贡献。

本书现实意义体现在为国家制定和完善相关法律法规提供参考,为农地细碎化治理、农村土地二轮延包等工作提供实证依据,进而促进农业稳产增产、农民稳步增收。具体而言表现在三个方面:第一,论证"一户一田"的可行性。本书对于农户"一户一田"形成机理的研究,以及对"一户一田"实施意愿和满意度的分析,可以清晰地揭示不同地区、不同类型农户对"一户一田"评价的异质性,进而为在适宜地区推广实施"一户一田"提供参考。第二,评估"一户一田"的实施效果。本书关于"一户一田"对生产成本、粮食产量和非农就业等方面影响研究,能够为地方政府和农户是否实施"一户一田"提供参考。第三,优化"一户一田"实施路径。"一户一田"作为一种新兴实践,必然会面临制度障碍和现实困境,本书关于优化路径的研究能够为更好地实施"一户一田",进一步释放土地制度改革红利，提出政策建议。

1.2　概念界定与文献综述

1.2.1　概念界定

（1）"一户一田"

本书中"一户一田"是指村集体通过土地"打乱重分"大调整实现地块整合，由原来每户分配多块不同位置、面积相对较小的承包地改为分配一块集中的大面积承包地。"一户一田"并不是一个固定的概念，以往文献没有统一的名称，不同地区叫法也存在差别，安徽怀远和蒙城称为"一户一块田"（邱书钦，2017；刘小红等，2017），陕西省榆阳区为"一户一田"（张蚌蚌等，2019），河南民权为"互换并块"（吴海峰，2013），新疆玛纳斯、辽宁彰武和甘肃金昌为"互换并地"，广西龙州为"小块并大块"（张蚌蚌等，2019），湖北省沙洋县为"按户连片集中耕种"（席莹和吴春梅，2018；高啸等，2019；桂华，2017），广东清远为"整合确权"（刘新卫和赵崔莉，2018）等①。为方便表述，本书将符合上述概念的地块整合模式统称为"一户一田"。

（2）"一户一田"农户评价

对于"一户一田"的实施效果，农户最具有发言权。因此我们用尚未实施"一户一田"村组农户的实施意愿和已经实施"一户一田"村组农户的满意度反映"一户一田"的农户评价。

"一户一田"实施意愿是指没有实施"一户一田"村组农户的实

①　需特别说明的是，由于目前土地政策限制其调整，一些基层干部通过更换土地确权证书等方法对"一户一田"进行包装，并使用"土地互换""小块并大块"等名称模糊化处理，本质上仍是土地调整（王海娟，2016；张蚌蚌等，2019；王海娟和胡守庚，2018）。

施意愿。调研员与农户访谈时，询问其"您是否愿意实施'一户一田'"，并加以解释"一户一田"是指村集体通过土地调整、土地互换等方式，将原来每户分散在多处、面积相对较小的承包地调整为一块大面积承包地的地块整合办法。随后按照"愿意＝1；不愿意＝0"对农户"一户一田"实施意愿进行赋值。

"一户一田"满意度是指实施"一户一田"地区农户的满意度。调研员与农户访谈时，询问其"您对'一户一田'实施效果是否满意?"并加以解释"一户一田"是指村集体通过土地调整、土地互换等方式，将原来每户分散在多处、面积相对较小的承包地调整为一块大面积承包地的地块整合办法。随后按照"非常不满意＝1；不太满意＝2；一般＝3；比较满意＝4；非常满意＝5"对农户"一户一田"满意度进行赋值。

（3）经济效应

经济效应是一个较大的范围概念。本书中的经济效应包括农业经济（直接）效应和非农经济（间接）效应。农业经济效应包括粮食产量和生产成本，两者共同影响农户的农业收入。非农经济效应主要指农户家庭中的非农就业人数和非农就业质量，两者共同影响农户非农收入。

1.2.2　文献综述

"一户一田"作为农地细碎化治理的新兴实践，学术界关于"一户一田"的研究相对较少，这使"一户一田"具备较广的研究前景，但也使综述"一户一田"文献存在一定难度，因此本书的综述分为三步进行（见图1－1）。首先，本书综述"一户一田"相关文献，梳理相关案例研究和新闻报道。其次，综述土地流转和土地整治等农地细碎化治理路径的文献。最后，综述农地细碎化成因和影响、农地规模化影响的相关文献。

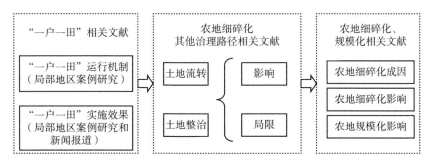

图1-1　文献综述路径

（1）"一户一田"研究现状

为进一步整合土地细碎产权，更好地解决农地细碎化问题，湖北、安徽、陕西、河南、山东等地一些村组借助土地确权登记颁证和当地农地大调整契机，通过实施"一户一田"，在一定程度上治理了农地细碎化问题（王海娟，2016）。"一户一田"是指村集体通过土地调整、土地互换等方式，将原来每户分散在多处、面积相对较小的承包地调整为一块大面积承包地的地块整合办法。席莹和吴春梅（2018）将其归纳为农地细碎化治理的社会路径。学术界对"一户一田"的研究主要集中于"一户一田"的具体做法、运行机制和实施效果。

一些学者对"一户一田"的具体做法和运行机制展开了研究，山东省W县农地细碎化自主治理机制由协商机制、决策机制和监督机制三部分构成（孙新华等，2020）；广西壮族自治区F县运用利益调节、大众动员和公共话语机制完成土地治理工作，使"村社主导、农民主体、大众参与、民主决策"的土地治理实践成为现实（魏程琳，2015）；湖北省沙洋县采取了"农民主体、村社主导、政府引导"的组织化路径，并通过民主协商和利益分配机制、多数民主决策与风险机制、群众内部监督与违约机制保证土地自主治理模式运行（王海娟和胡守庚，2019）。

一些学者通过案例分析的形式研究了"一户一田"的实施效果，其主要体现在以下八个方面。

第一，提高生产效率。"一户一田"可以实现"多块并一块、小块变大块，耕作地点集中"，农民耕种、灌溉、施肥、除草灭虫、收割等作业可一次性完成，排队等水、挪动灌溉设备、等待机械时间和地块间交通时间可显著减少，省时省工。此外，"一户一田"可以解决地块太小机械难以作业的困境，促进农业机械普及和农业外包服务采纳（胡新艳等，2018）。以安徽省怀远县殷尚村村民小麦收割为例，以往农户小麦收割需要一周时间，实施"一户一田"后，小麦收割时间缩短至几个小时（刘小红等，2017）。

第二，降低生产成本。"一户一田"会对雇工成本、机械成本、灌溉成本等产生影响。在雇工成本方面，由于生产效率提高，农业用工量大幅度减少，用工费用自然降低。新疆维吾尔自治区沙湾县土地整合后每亩节约劳力0.36个（丁肇辉，2009）。在机械成本方面，地块连片会降低机械行走成本，减少燃料在路途中的损耗，自然也会降低耕地、播种、收割等社会化服务费用。安徽省怀远县殷尚村村民邵东洋9块田整合成1块田后，每季仅收割费用可节省400元（孙邦群等，2017）。在灌溉成本方面，整合地块更易于修建灌溉设施，进而减少灌溉费用。新疆维吾尔自治区玛纳斯县三岔坪村实施"一户一田"后，大型节水滴灌设备得以修建，每亩水费可节省50元（张蚌蚌和王数，2013）。湖北省沙洋县在农地细碎化治理后，席莹和吴春梅（2018）测算出61个水稻种植户机收费用同比下降18.60元/公顷，张蚌蚌等（2020）测算出256个农户生产成本降低了25%，劳动投入减少30%。

第三，增加粮食单产。粮食单产增加的原因有三：一是农业生产管理更加精细。农民通常会对地块边角疏于管理，种子化肥农药使用时均为地块中间多，周边少，不易均匀，而无论过多或过少都会影响粮食产量（徐靖，2017）。此外，当农户某一地块面积过小时，农户通常会惰于管理，拔草除虫等工作量不足，甚至撂荒，造成地块单产少于平均水平。二是农业生产管理更加及时。在小麦玉米拔节等粮食生长关键环节，及时灌溉至关重要。"一户多田"时农户因需排队等井，很难及时浇灌所有地块，因此会造成粮食产量降低。三是生产条件更加完善。村组实施"一户一田"时通常会进行灌溉设施修缮和农地平整，此举会有效增加粮食产量。新疆维吾尔自治区玛纳斯县三岔坪村"一户一田"时统一安装了节水灌溉，一公顷土地的棉花产量由 4500 千克提高到 5700 千克（张蚌蚌和王数，2013）。安徽省怀远县殷尚村实行"一户一田"后每亩增加粮食产量达 150 千克（邱书钦，2017；刘小红，2017；徐靖，2017）。陕西省榆阳区作物产量增幅为 12.54%。

第四，扩大农地面积。地块细碎分散会导致田埂、地界、生产道路过多，大量良田被占用。实行"一户一田"后，村集体或农户通过去除小地块间的大量田埂垄沟、整治水渠和小路、整理村中荒地等方式，有效增加耕种面积。安徽省怀远县殷尚村实施"一户一田"后，有的小组 150 多条田埂减少到 30 条，新增耕地 40 余亩（邱书钦，2017）。新疆维吾尔自治区玛纳斯县三岔坪村实施"一户一田"后耕地面积增加 900 亩，增幅达 20.45%，人均耕地由 7.05 亩增加到 10.05 亩（张蚌蚌和王数，2013）。河南省商丘市 966 个行政村实施"一户一田"后，实现新增耕地 18.6 万亩（李明等，2011）。陕西省榆阳区实施"一户一田"后，增加耕地面积约 6.02%（张蚌蚌等，2020）。

第五，提高流转效率。农地细碎时，大地块流转会涉及较多农户，流转难度大，流转价格偏低。实施"一户一田"后，同一面积地块涉及农户数量大幅度减少，降低了流转大户的谈判成本和流转难度，愿意相较周围更高价格流转实施"一户一田"村组的土地。安徽省蒙城县推行"一户一田"后，土地流转价格由 600～800 元/亩上涨到 800～1000 元/亩（戴超等，2015）。

第六，调整种植结构。实施"一户一田"后，农户苗木种植和农业设施建设更加便利，促进了农民对于农业的投资，实现种植结构调整。山东省 Shigao[①] 村 "一户一田" 的实施，打破了村内地块的限制，解决了无法修建大型冷棚的困境。60 多个种植蔬菜的大型冷棚，使农民种植结构优化、收入明显增多。通过土地整合，还可以实现土地的规模化种植，进而打造高新技术推广应用平台，更加方便机械化耕作和引进新技术、新品种，帮助农户实现 "小生产" 与 "大市场" 的链接，促进农业结构优化、延长农业产业链条。

第七，增加农户收入。安徽省怀远县实施 "一户一田" 每亩可增收 100 元以上（孙邦群等，2017；邹承东，2016），户均增加收入 1387.77 元（刘小红，2017）；新疆维吾尔自治区玛纳斯县三岔坪村仅棉花种植一项每公顷可以增加农户收入 9600 元（张蚌蚌和王数，2013）；新疆维吾尔自治区沙湾县实施 "一户一田" 后增加了耕地 2627 公顷，为农民增收 1576 万元（丁肇辉，2009）。

第八，减少邻里矛盾。承包土地四邻过多，很容易产生边界纠纷问题。"一户一田" 使户地邻数量明显减少，进而降低土地耕作、作物种植、水源等方面引发的地界摩擦，促进农村和谐稳定。

（2）土地流转研究现状

土地流转是化解农地细碎化问题的最常见方法，席莹和吴春梅（2018）将其归纳为市场路径，即通过市场机制，流转土地经营权实现土地整合，进而化解农地细碎化问题。土地流转有出租型和互换型两种。出租型是指农业经营人以金钱或实物等形式租入他人土地经营权的流转方式。为了提高出租型土地流转效率，地方政府、部分村组集体也参与其中，使土地信息收集和发布效率明显提升，促进规模经营。互换型土地流转是指同一村组少数农户将所承包地块商议后对调的流转方式（刘联洪，2016）。农户相互商议调换地块，虽然没有增加原有种植面积，但可以促进分散地块整合，从而增加了单位地块面积，缓解农地细碎化问题。

土地流转也面临现实局限。姚志（2021）通过对官方数据整理

---

① 应被访者要求，本书调研村的名字都用字母代替。

后发现，2007 年末，我国流转比例为 5.2%，2018 年达到 37%，我国土地流转显著提升，为改善粮食细碎化、提高粮食安全奠定了基础。但是近些年土地流转比例增速明显放缓，甚至遇到了瓶颈期，2017～2019 年土地流转比例分别为 36.5%、37%、37%，基本维持不变。栾健等（2021）学者也研究发现土地流转未能产生预期效果。

土地流转的局限由三个原因造成：第一，部分农户无流转需求。对种植能手来说，种植粮食或经济作物的收益比流转收益高，因而不愿租出自己土地；对没有外出打工能力的留守老人而言，他们种植收入虽然不高，但可通过种植粮食维持基本生活。不愿放弃土地的农户导致相关地块经营权无法整合，阻碍了农地细碎化治理。第二，部分土地难以流转。部分农户愿意将土地进行流转，但达不到流转标准。虽然中国目前高标准农田建设力度不断加大，农业基础设施条件不断改善，但是山区、丘陵等地区的农田基础设施相对滞后、灌溉条件简陋、种植风险较大，鲜有种粮大户愿意流转此类土地。第三，土地互换难度较大。农民自发进行土地互换，看似执行成本低，但由于地块面积和位置匹配难度大，实际交易完成可能性非常低（汤鹏主，2013），大多实现于亲戚之间局部和零星的土地流转，难以改变农地细碎化整体局面（刘小红等，2017）。梁伟健（2015）对广东省域农村调查发现，农户间土地互换难度较大，653 户中仅有 12 户发生互换，占比仅 1.84%。

随着更多年轻人工作非农化，"无人种地问题"或许更加突出，土地流转还有提升空间，但目前存在发展瓶颈。此外，为保留部分承包地或者满足流转方要求，有些农户在土地流转时将自家地块分割后流转，加重了农地细碎化程度（王兴稳和钟甫宁，2008）。

（3）土地整治研究现状

土地整治是指政府对未利用、不合理利用和低效利用的土地进行治理，对自然灾害和生产建设等情况损毁的土地修复利用的活动（郧文聚等，2008）。土地整治可以通过农田灌溉设施修缮、道路修建、土地平整等措施消除天然形成的沟壑,以达到治理农地细碎化的目的。

土地整治有助于克服农地细碎化已成为学术和政策基本共识(田孟和贺雪峰,2015)。2006～2010年中国通过土地整治实现土地整合,建成约1067万公顷的高产稳产基本农田和493万千米的沟渠,新增约65亿千克的粮食产能;2011～2015年中国土地整治面积达到3533.33万公顷,建成约2686.67万公顷的高标准农田,867.4万千米的沟渠,新增184.47万公顷耕地和186.84亿千克粮食产量。农地细碎化治理效果明显,为保障国家粮食安全起到了重要作用(郧文聚,2011)。

同土地流转一样,土地整治也会面临一些局限。土地整治作为一种政府行为引发了一些争议。一方面土地整治所需资金较多。土地整治涉及平沟填壑、房屋搬迁等基础设施建设,所需资金数额较大。中国各地土地状况复杂多样,土地整治难度不同,所需资金差别很大。目前财政对土地整治项目资金拨付有限,且要求地方政府进行资金配套。一些经济条件相对落后地区,可能因无法提供配套资金而难以通过土地整治解决农地细碎化问题(郧文聚,2011)。另一方面土地整治主体地位缺失。中国土地整治一般为主管部门以项目形式通过招投标确定专业机构,完工验收后交付村集体或农民耕种。专业机构在土地整治中处于主体地位,村集体和农民相关诉求被忽略(田孟和贺雪峰,2015)。一些土地整治项目难以解决生产中的实际问题,甚至破坏了原有生产设施(邱书钦,2017)。农民主体地位缺失还会造成工程质量不高、资金浪费和后期管护不力等系列问题(张蚌蚌等,2020),陷入"地方政府有热情,主管部门有压力,农民群众有意见"的窘境(陈佳骊和徐保根,2010)。

此外,土地整治还存在权属调整不力的问题。国际上,权属调整是土地整治的主要内容(刘新卫和赵崔莉,2018),德国便是通过合并零碎地块、调整土地权属(Erichweib,1999),进而充分合理利用土地。但是中国土地整治侧重工程技术手段改变土地物理形态、土壤肥力、完善基础设施建设,权属调整不仅未在实践中受到重视,反而因施工方精力有限和历史遗留问题过多等原因被有意忽视或刻意搁置（刘新卫和赵崔莉，2018）。即使在实行土地权属调整时，也容易违背平等和自愿原则，致使农民权益受损（刘小红等，2017）。土地整理中原有土地边界破除、宅基地和房屋调整，还可能会引发产权矛盾，使土地整治带来的社会福利大打折扣。

土地流转和土地整治对于农地细碎化治理起到良好效果，但未触及土地承包经营权调整问题，难以实现土地承包经营权有效整合，也就无法彻底解决农地细碎化问题（田孟和贺雪峰，2015）。

（4）中国农地细碎化的成因

农地细碎化一般是指农户所拥有面积较小，且彼此互不相连的多块土地（王兴稳和钟甫宁，2008）。农地细碎化现象由来已久，从政府实行定期回收土地、统一分配的唐宋时期，到实行家庭联产承包责任制的现代社会，农地细碎化问题始终存在且整体呈现出越发明显的趋势（赵冈，2003）。中国农地细碎化主要有五点成因：一是中国极高的人地比例（叶春辉等，2008；王兴稳和钟甫宁，2008）。中国耕地面积有限，但农业人口众多，人均耕地面积仅为1亩多。家庭联产承包责任制实施后，每户承包到户的耕地也就细小零碎。二是中国复杂的地形地貌。地形特点、水文条件、自然风貌等因素会促进农地细碎化情况的出现，山地和丘陵的细碎化程度通常更高（田孟和贺雪峰，2015）。而中国地形地貌复杂多样，其中山地占比33%，丘陵占比10%，复杂多变的自然条件加剧了中国农地细碎化状况。三是土地承包的公平原则。中国农村土地普遍存在肥瘦不均、灌溉条件不同、地形地貌迥异等客观因素差异。在实施家庭联产承包责任制的初期，为了保证公平，会把土地分成一等地、二等地、三等地，然后分给不同农户，"好田家家分，孬地户户摊"的分地方法使农户拥有多块分散在各处、不同肥力的细碎土地（梁流涛和许立民，2013；王海娟，2016）。四是"诸子均分"的财产制度（陈培勇和陈风波，2011）。中国家庭财产继承方法向来是"诸子均分制"，而非"长子继承制"，无论最初土地完整与否，子孙完成一次继承便意味着进行一次分割。而且诸子分田时不仅根据面积划分，也要进行优劣搭配，这更加剧了农地细碎化程度（叶春辉等，2008）。五是缺少相关制度规定。现阶段中国农地法律政策着重强化农民土地产权，特别是农户对于具体地块的承包权。《中华人民共和国土地承包法》《中华人民共和国行政许可法》等法律以及相关政策文件一定程度上强化和锁定了细碎化的产权格局（王山和奉公，2016；王海娟，2016；邱书钦，2017），使细碎化治理面临制度障碍。

（5）中国农地细碎化的影响

农地细碎化会增加粮食生产成本已成为学界共识。卢华和胡浩（2015）、王嫚嫚等（2017）的实证研究表明农地细碎化越严重，生产成本就越高。反之，地块整合后生产成本会显著降低，其中，人工成本和机械成本降幅最为明显，而农资成本变化有待进一步观察（张成鹏等，2021）。人工成本降低主要通过交通、作业、灌溉三条路径实现：在交通环节，细碎地块会迫使农户在不同地块上奔波，大量时间浪费在人和生产资料运输过程中；在作业环节，大型机械难以在狭小地块上劳作，粮食生产只能人工进行，费时费力；在灌溉环节，农户要每个地块排队等待机井灌溉，挪动灌溉设备，费时颇多。

农地细碎化还会造成严重的耕地浪费问题。为划清不同农户地块，农户需要拿出部分土地面积作为边界划分，降低了耕地利用效率（梁流涛和许立民，2013；黄贤金等，2001）。根据江苏省金坛市耕地利用现状推算出中国1978～1981年有655万公顷土地用于边界划分。张林秀等（1997）估计中国农地细碎化会造成5%～10%土地资源的浪费。但若不进行边界划分，就会造成地界摩擦和水源争夺等农村常见的矛盾，不利于农村社会和谐稳定发展（王山和奉公，2016）。

农地细碎化对于产量影响尚未形成统一结论，但绝大多数学者认为农地细碎化会降低农作物产量。卢华等（2016）研究得出农地细碎化通过改变要素边际产出弹性而作用于农业生产系统，进而降低农作物产量的结论。李寅秋和陈超（2011）发现细碎化对江苏省样本户水稻单产存在负向影响，且对示范户影响更为严重。张林秀等（1997）判断若能消除中国农地细碎化问题，土地产出可以增加 5% ~ 10%；高强和孙光林（2020）也得出了类似结论。但吴子平（2005）、许庆（2011）等学者研究表明农地细碎化并未显著降低产出水平。

农地细碎化并非只有不利影响，也可以有效规避种植风险。农地细碎化使农户可以在不同地块上从事多种作物经营，即使他们在不同地块上种植相同农作物，互不相连的地块也可以有效预防水灾、旱灾、火灾和病虫害造成的农业损失（许庆，2007）。在农村金融、保险和市场体系不完备的情况下，灾害损失通常大于规模效益（许庆，2008），因此规避种植风险具有重要意义。

在农地细碎化对农户收入的影响研究中，大多数学者研究发现农地细碎化对于农户农业收入具有正向影响。李功奎和钟甫宁（2006）利用江苏省经济欠发达地区 394 组农户数据进行实证研究，结论表明，在人多地少，且存在大量劳动力剩余的情况下，农户地块数量越多，越能够进行多元化种植，从而提高农户的收入。许庆（2007）利用农户粮食调查数据库中吉林、四川、江西和山东四个省份在 1993 年、1995 年、1999 年和 2000 年，这 4 年的农户调查数据进行实证研究，发现农地细碎化对农户收入影响机理较为复杂。一方面，农地细碎化对农户收入有负向影响，因为农地细碎化带来的规模不经济会降低农产品的产出水平，浪费土地资源；另一方面，农地细碎化对农户收入有正向影响，因为农地细碎化会降低农业生产中的自然风险和价格风险，而且能够增加农户多种经营的机会。但实证结果表明，总体上农地细碎化的存在对农户收入的影响利大于弊。刘七军（2011）以甘肃省民乐县为例的研究也同样表明，耕地细碎化对农户收入具有正向影响。

农地细碎化对于农业生产具有正反两方面的影响，但总体而言弊大于利。随着农业保险产品的丰富以及农民对于农业收入依赖度的减弱，农地细碎化对于农民束缚、农业发展的阻碍作用越发明显。因此，地方政府和农户应当尽可能探索农地细碎化治理路径，进而在发挥有利作用的前提下，降低其不利影响（田孟和贺雪峰，2015）。

（6）中国农地规模化的影响

虽然"农地细碎化"和"农地规模化"不是直接的对应关系，但是一般而言，农地细碎化程度较高的地区往往土地规模较小（陈培勇和陈风波，2011）。而且在一户拥有多块土地的农村，化解了"土地的细碎化"也就实现了"土地的规模化"。由于本书的研究对象是拥有多块土地的农民，所以本部分将"农地规模化"影响的文献纳入梳理范畴，主要从粮食产量、生产成本的角度梳理农地规模化对于粮食生产和非农收入的影响。

关于农地规模化对粮食产量的影响一直是颇受争议的话题。不同学者之间观点差别很大。根据经济学"边际报酬递增理论"，在农业生产中，在其他投入要素不变时，当土地的投入量低于一定数值时，随着土地投入量的不断增加，粮食的边际产量是不断递增的，超过一定数值之后，边际产量开始下降。即随着土地规模扩大，粮食单产应该呈现"先升—后降"的变化趋势，但是却很少有实证研究支撑这一观点，大多数研究与这一理论有一定的冲突。一些学者研究发现，随着土地规模扩大，粮食单产呈现正"U"形变化趋势，但是最优规模的点位各不相同（李文明等，2015；倪国华和蔡昉，2015；顾天竹等，2017）；一些学者认为土地面积越小，粮食单产越高（Fleisher and Liu，1992；顾天竹等，2017；唐轲等，2017）；还有一些学者研究发现地块面积越小，粮食单产越低（Nguyen et al.，1996），同时经测算，认为如果我国不存在农地细碎化的问题，每年能增加粮食产量 7140 万吨（Wan and Cheng，2001）

学术界关于农地规模化对生产成本影响的研究很多，且研究结论相差不大，但是两种主流观点还是具有细微差别：一些学者认为地块面积对于生产成本具有显著的负向影响（许庆，2011；唐轲，2017；

Tan et al.，2008）；一些学者认为生产成本随着地块面积发生正"U"形变化，通过对江苏省稻谷种植户微观数据进行实证研究发现，稻谷的单位成本随着规模扩大而下降，但当规模超过 200 亩后开始上升（张晓恒等，2017）；也有学者认为水稻单位产品成本随地块的规模扩大而递减，而小麦和玉米单位产品成本与地块规模则呈正"U"形关系（顾天竹，2017）。

1.2.3　研究评述

（1）相关研究的贡献

一是"一户一田"具体做法和运作模式。现有文献关注到"一户一田"这一新兴实践，并通过案例研究的方式对某一个村组、乡镇、县域实施"一户一田"的情况进行研究，总结"一户一田"的具体做法以及能够保证其顺利实施的运作模式，为其他学者充分了解"一户一田"，从事相关研究奠定了一定基础。

二是"一户一田"实施效果的案例研究。现有文献通过案例分析和新闻报道的形式对"一户一田"一系列实施效果进行了关注。有利于其他学者对于"一户一田"的影响形成直观认识，有助于分析"一户一田"相关影响的机理，为下一步开展实证研究起到良好的借鉴作用。

三是农地细碎化、规模化的影响研究。现有文献对于农地细碎化和规模化与粮食生产成本、产量和农户收入的关系进行了大量研究，并且得出了较为可信的研究结论，为下一步相关研究奠定了基础。

（2）相关研究的现存不足

一是鲜有"一户一田"实施意愿和满意度研究。"一户一田"作为一种化解农地细碎化的地块整合实践，农户对其实施意愿和满意度是评价"一户一田"效果的重要标准，但由于"一户一田"出现时间较短，这两点均未引起学术界足够关注。特别是对于"一户一田"

满意度这一话题，由于实施村组较少，很难进行多村组农户的实证研究，因此鲜有学者涉及。

二是鲜有"一户一田"相关影响的实证研究。"一户一田"对于粮食生产成本、粮食单产、非农就业的效果评估对于是否在更大范围实施"一户一田"具有参考。但"一户一田"是一种自发行为，实施村庄相对分散，所以样本抽选难度大、调研成本高。目前文献尚无关于"一户一田"对上述效果影响的实证研究，可做出进一步边际贡献。

三是现有关于土地细碎化、规模化相关影响研究结论并不一致。现阶段土地规模化、细碎化对粮食单产、成本影响的结论还存在较大的差异，说明此类研究可能受到作物品种、地块大小、土壤质量、种植结构、灌溉条件、气温气候等多种复杂因素的干扰。土地细碎化对于收入影响有待进一步的讨论。现有文献大多发表于2010年之前，研究结论可能存在时效性问题。因为影响农户收入的一个关键因素是地区经济发展水平，近十年，农民的非农就业机会以及工资收入发生了一定变化，如果细碎化得以治理，农民可能提高农业劳动效率，增加非农就业时间，从而增加农户收入。

（3）相关研究的提升空间

一是"一户一田"农户实施意愿研究。利用一手调研数据研究未实施农户对"一户一田"的实施意愿，并重点关注村组内土地禀赋差异等因素对实施意愿的影响。

二是"一户一田"农户满意度研究。利用一手调研数据研究已实施农户对"一户一田"的满意度，并重点关注地块数量等因素对满意度影响。

三是"一户一田"对生产成本的实证研究。建立理论分析框架，探究"一户一田"对于生产成本的影响机理；运用一手调研数据实证研究"一户一田"对于生产成本的影响效果，并评估不同分项成本影响的异质性。

四是"一户一田"对粮食单产的实证研究。建立理论分析框架，探究"一户一田"对于粮食单产的影响机理；运用一手调研数据实证研究"一户一田"对于粮食单产的影响效果，并评估不同农户影响的异质性。

五是"一户一田"对非农就业的实证研究。建立理论分析框架，探究"一户一田"对于非农就业的影响机理；运用一手调研数据实证研究"一户一田"对于非农就业的影响效果，并评估不同农户影响的异质性；进一步检验"一户一田"与非农就业质量的关系。

1.3　研究目标与研究内容

1.3.1　研究目标

（1）总目标

本书希望为缓解农地细碎化寻求更加完善的方案和思路，研究土地改革发展过程中出现的问题并提出优化路径，并为农村土地二轮延包方案的制订提供理论支撑和实证依据，进而释放土地制度改革红利，提高粮食生产效率，促进农业稳产增产、农民逐步增收，实现乡村振兴和共同富裕。

（2）具体目标

第一，分析调研地区"一户一田"形成机理、运行机制、实施原因、整体效果、现实困境和制度障碍，对于"一户一田"这一新兴实践有整体认识。

第二，通过研究"一户一田"实施意愿和满意程度，分析"一户一田"农户评价的异质性。

第三，通过探究"一户一田"对粮食单产、生产成本、非农就业等方面的影响，评估"一户一田"实施效果，检验"一户一田"影响机理，为在适合的地区针对特定人群实施改革提供实证依据。

第四，在前面主要研究结论的基础上，为更好地实施"一户一田"，治理农地细碎化，进一步释放土地制度改革红利提出政策建议。

1.3.2　研究内容

（1）"一户一田"农户评价研究

第一，"一户一田"实施意愿的实证研究。基于山东省德州市和济宁市所辖12县（市、区）共计468个未实施"一户一田"的农户数据，首先，运用统计方法分析农户愿意实施"一户一田"的比例及具体原因。其次，在控制农地特征变量和家庭特征变量基础上，运用Logistic模型重点研究未实施"一户一田"农户所在地区村组内土地禀赋差异对其实施意愿的影响，揭示不同农户实施意愿影响的异质性。

第二，"一户一田"满意度的实证研究。基于山东省德州市和济宁市所辖6县（市、区）共计246个实施"一户一田"的农户数据，首先运用统计方法分析农户对"一户一田"的满意度及具体原因。其次，运用Logistic模型重点研究已实施"一户一田"农户的地块数量对其满意度的影响，揭示不同农户满意度的异质性。

（2）"一户一田"实施效果研究

第一，"一户一田"对生产成本影响的实证研究。本部分研究将利用山东省德州市和济宁市所辖6县（市、区）中24个实施"一户一田"的村（组）和24个未实施"一户一田"的村（组）共计506个农户生产数据，通过OLS、工具变量等方法，在控制家庭特征、农地特征和地区特征变量基础上，研究"一户一田"对于粮食生产成本影响，并分析对不同分项成本影响的异质性。

第二，"一户一田"对粮食单产影响的实证研究。本部分研究将利用山东省德州市和济宁市所辖6县（市、区）24个实施"一户一田"的村（组）和24个未实施"一户一田"的村（组）共计506个农户生产数据，通过OLS模型、工具变量等方法，在控制要素特征、家庭特征、农地特征和地区特征等变量基础上，研究"一户一田"对于粮食单产的影响，并分析对不同农户影响的异质性。

第三，"一户一田"对农户非农就业影响的实证研究。本部分研究将利用山东省德州市和济宁市所辖 6 县（市、区）中 24 个实施"一户一田"的村（组）和 24 个未实施"一户一田"的村（组）共计 506 个农户生产数据，通过 OLS、工具变量、中介效应模型，在控制个人特征、家庭特征和地区特征等变量基础上，研究"一户一田"对于农户非农就业的影响，并分析不同农户影响的异质性，最后检验"一户一田"与非农就业质量的关系。

（3）"一户一田"政策启示研究

结合上述三部分研究内容，为更好地实施"一户一田"，治理农地细碎化提出政策建议。

1.3.3　本书结构

基于以上研究目标和研究内容，本书结构安排如下：

第 1 章，绪论。本章主要介绍"一户一田"时代背景与研究意义；围绕"一户一田"、土地流转、土地整治和农地细碎化等研究主题，对现有文献进行综述，并进行概念界定；明确本书的研究目标与研究内容；进一步厘清本书的结构，详细介绍本书所使用的研究方法、数据来源和技术路线；最后指出本书的创新点和不足之处。

第 2 章，理论基础与分析框架。本章首先对研究过程中所涉及的相关理论进行介绍，具体包括农户行为理论、制度变迁理论、隧道效应理论、规模经济理论、农地产权理论。其次，构建理论分析框架，为后续章节实证研究提供理论基础。

第 3 章，"一户一田"调研村组的实践探索。本章首先分析调研村组"一户一田"的形成机理和运行机制。其次，基于村干部视角分析统计村组实施"一户一田"的原因和整体效果。最后，研究总结"一户一田"在实施过程中的制度障碍和现实困境。

第 4 章,"一户一田"农户评价及影响因素分析。第一,通过描述性统计的方法分析农户"一户一田"实施意愿及愿意实施的原因。第二,基于对诱致性制度变迁理论的分析,运用山东省未实施"一户一田"的 468 个农户数据,实证检验村组内土地禀赋差异等因素对农户"一户一田"实施意愿的影响机理。第三,通过描述性统计的方法分析农户"一户一田"满意程度及满意的原因。第四,在"隧道效应"理论分析基础上,基于山东省已实施"一户一田"的 246 个农户数据,分析实施农户对于"一户一田"的满意度,实证检验地块数量对农户"一户一田"满意度的影响。

第 5 章,"一户一田"对粮食生产成本的影响。第一,从理论上分析"一户一田"对生产成本的作用;第二,基于山东省 506 个农户的调查数据,运用 OLS 模型,通过分步回归实证检验"一户一田"对农户生产成本的影响;第三,通过分组回归实证检验"一户一田"对不同分项成本以及不同地区农户影响的异质性;第四,使用村组干部上任时的支持率作为工具变量讨论内生性,通过子样本回归和替换核心解释变量进行稳健性检验。

第 6 章,"一户一田"对农户粮食单产的影响。第一,从理论上分析"一户一田"对粮食产量的作用;第二,基于山东省 506 个农户的调查数据,运用 OLS 模型,通过分步回归实证检验"一户一田"对粮食产量的影响;第三,通过分组回归实证"一户一田"对不同农户粮食单产影响的异质性;第四,使用村组干部上任时的支持率作为工具变量讨论内生性,通过子样本回归进行稳健性检验。

第 7 章,"一户一田"对农户非农就业的影响。第一,从理论上分析"一户一田"对农户非农就业的作用;第二,基于山东省 506 个农户的调查数据,运用 OLS 模型,通过分步回归实证检验"一户一田"对农户非农就业的影响;第三,通过分组回归进行"一户一田"对不同经济关联程度农户非农就业影响异质性的实证研究;第四，使用村组干部上任时的支持率作为工具变量讨论内生性，通过子样本回归、替换被解释变量和细化地区控制变量进行稳健性检验；第五，验证"一户一田"对非农就业质量的影响。

第 8 章，研究结论和政策建议。本章归纳全书研究结论，结合我国农地细碎化现状，提出二轮延包背景下更好地实施"一户一田"，治理农地细碎化，进一步释放土地制度改革红利的政策建议。最后，提出下一步研究的展望。

本书研究框架如图 1 – 2 所示。

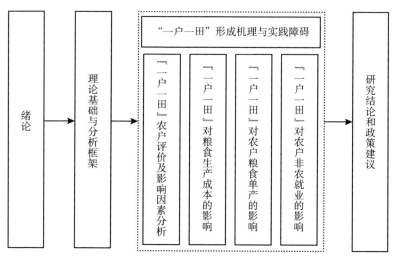

图 1 – 2 研究框架

1.4 研究方法、数据来源与技术路线

1.4.1 研究方法

（1）文献分析研究法

通过阅读、梳理和述评相关文献，了解"一户一田"、土地流

转、土地整治、农地细碎化和规模化相关主题研究现状。结合实地调研情况，提炼和总结"一户一田"相关内容中所蕴含的经济学原理，为本书提供有力的文献理论支撑。

（2）实地调查研究法

一方面，调研团队与村组干部进行村级问卷调查和半结构化访谈，了解"一户一田"具体实施背景、模式路径、特殊做法、现实困境和解决措施；另一方面，团队成员对农户进行问卷调查，询问农户粮食产量、生产成本、非农就业、实施意愿和满意度等相关情况，为实证分析收集数据。

（3）计量实证分析法

一是多元回归方法。本书使用二元 Logistic 模型实证检验村组内土地禀赋差异对农户"一户一田"实施意愿的影响，地块数量对农户"一户一田"满意度的影响；使用 OLS 线性回归模型对"一户一田"对粮食产量、生产成本和非农就业的影响进行实证检验。二是工具变量法。"一户一田"与生产成本、粮食单产和非农就业可能存在互为因果的关系，即粮食生产成本低、粮食产量高和非农就业人数多的农户更可能通过实施"一户一田"优化粮食生产方式，促进非农就业。在与村干部深入交流后发现，能否实施"一户一田"，村组干部起到至关重要的作用。因此本章使用"村组干部支持率"作为"一户一田"的工具变量进行内生性讨论。

1.4.2 数据来源

鉴于本书研究内容特殊性，目前缺乏公开数据，中国农业大学经济管理学院调研团队先后于 2020 年 8 月至 10 月、10 月至 12 月两次进行实地调研，收回 714 份问卷。

（1）第一次调研共收集问卷 506 份

本次调研采用分层抽样方法，从山东省实施"一户一田"的德州市和济宁市，分别选择 A 市、B 市、C 县、D 县、E 区、F 县六个县市区①，每个县市区选择 2~10 个实施"一户一田"的村组，共计 24 个实施"一户一田"的村组，在每一个村组附近选择与其家庭特征、农地特征等因素基本相同但未实施"一户一田"的村组 24 个。通过样本匹配，以尽可能保证实施组和对照组的样本特征一致，随后每个村组随机抽样若干农户。样本分布如表 1 - 1 所示，村组匹配状况如图 1 - 3 所示②。本次调研共收回有效问卷 506 份，将用于第 5~7 章的内容研究。

表 1 - 1　　　　　　　　　　山东省样本分布情况

地级市	县 (市、区)	实施组		未实施组		总数	
		村民数	村组数	村民数	村组数	样本总数	村组总数
济宁市	A 市	91	9	68	8	159	17
	B 市	37	3	50	4	87	7
	C 县	23	4	49	4	72	8
德州市	D 县	22	2	18	2	40	4
	E 区	56	4	61	4	117	8
	F 县	17	2	14	2	31	4
总计		246	24	260	24	506	48

（2）第二次调研共收集问卷 208 份

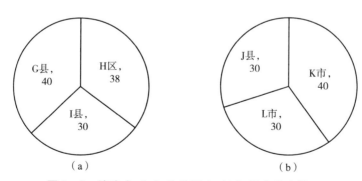

图 1 - 3　济宁市（a）和德州市（b）样本分布情况

---

① 应地方干部要求，需隐去县（市、区）名称，出现时用字母替代。
② 因"一户一田"为自发形成，各县市区村实施村组数量不同，且分布不规律，不同村组村民数亦相差较大，完全均等抽样较为困难。

为了研究农户对"一户一田"的实施意愿及影响因素，研究团队进行了针对未实施"一户一田"农户的实施意愿相关信息的补充调研。调研地点选择济宁市 G 县、H 区和 I 县；德州市 J 县、K 市和 L 市，共计收回有效问卷 208 份，样本分布如图 1 - 3 所示。此部分数据将与第一次收集的未实施"一户一田"的农户数据一起用于农户对"一户一田"实施意愿的研究，具体见表 1 - 2。

表 1 - 2　　　　　　　　各章节数据使用情况

	第一次调研		第二次调研	总样本
	已实施	未实施	未实施	
实施意愿研究		260	208	468
满意程度研究	246			246
生产成本研究	246	260		506
粮食单产研究	246	260		506
非农收入研究	246	260		506

1.4.3　技术路线图

技术路线体现了各章节间的有机联系和研究逻辑，具体思路如下：第一，对农户行为理论、制度变迁理论、隧道效应理论、规模经营理论和产权理论进行梳理和分析，构建"一户一田"形成机理和实施意愿、"一户一田"经济影响的分析框架；第二，对所调研的实施"一户一田"的村组进行研究，分析"一户一田"的形成机理、运行机制、整体效果和障碍困境；第三，分别从未实施农户意愿和已实施农户满意度角度研究"一户一田"的农户评价；第四，分别从生产成本和粮食单产两个视角展开，探讨"一户一田"对农户农业经济效应；第五，从农户非农就业角度探究"一户一田"对农户非农经济效应；第六，归纳总结研究结论，提出相关对策建议。

从研究方法看，本书采用理论分析与实证分析相结合、定性分析与定量分析互补的方式进行研究。理论分析方法主要为文献分析法、归纳总结法。实证方法包括描述统计分析、计量经济分析等。其中，运用文献分析法和归纳总结法梳理既有理论和文献研究进展，为本书理论分析和分析框架构建奠定基础；描述性统计分析法主要用于"一户一田"基本情况研究；计量经济分析主要包括最小二乘法、Logistic 模型、工具变量法、中介效应模型等。本书整体的分析逻辑如技术路线图（见图 1-4）所示。

1.5 研究创新与不足之处

1.5.1 研究创新

（1）研究视角新颖

目前"一户一田"的相关文献大多是关于一个村、乡镇或县的案例研究，鲜有实证分析。本书运用计量经济学方法实证研究"一户一田"对生产成本、粮食单产和非农就业的影响，以及农户对"一户一田"的实施意愿和满意度，丰富了研究内容。

（2）工具变量创新

"一户一田"为农户自发实施，可能与粮食产量、生产成本和非农就业存在互为因果的关系。为解决"一户一田"相关研究的内生性问题，选用村党支部书记（小组长）上任时的支持率作为"一户一田"的工具变量进行稳健性检验，丰富了相关研究。

（3）一手调研数据

"一户一田"实施地点分散，难以进行统计，多村组大样本实证研究调研难度很大。本书在多年土地制度调研基础上，掌握了山东省2 地市6 县市区24 个实施"一户一田"村组名单并进行研究，具备一定的数据创新。

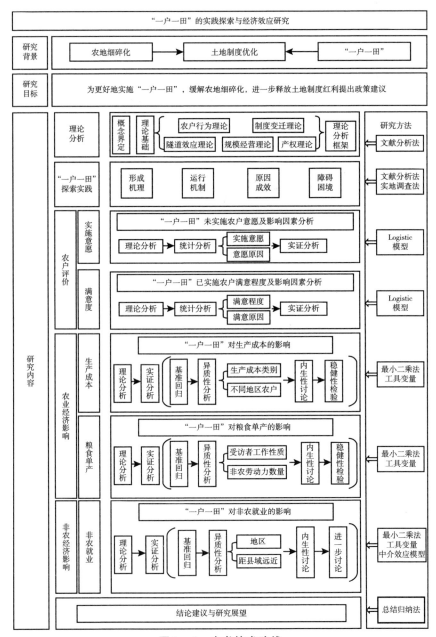

图1-4　本书技术路线

1.5.2 不足之处

（1）调研数据相对较少

本书调研了山东省德州市和济宁市 12 个县（市、区）714 个农户，成为现阶段为数不多的关于"一户一田"的一手数据。但遗憾的是受制于新冠疫情期间调研难度和实施村组分布的随机性，每个地区样本分布不够均匀，数量较少。此外，由于有些村组"一户一田"为 2018 年之后实施，而 2020 年受到疫情冲击数据有些偏离实际情况，因此我们仅收集了 2019 年的粮食生产数据，这使研究方法的运用受到一定限制。

（2）研究思路有待拓展

农地细碎化治理是一个重要的研究方向，具有多种治理路径，本书着重聚焦了"一户一田"一种路径，研究了"一户一田"的农户评价以及相关影响。"一户一田"与土地流转和土地整治等其他治理路径的相互作用尚未进行综合考虑，研究广度有待进一步延伸。

（3）适用范围相对有限

"一户一田"能否实施及其效果与土地类型密切相关，对于山东省平原地区，"一户一田"可行性比较强，且效果显著，但是山区丘陵地区是否适合实施还要进一步讨论，充分论证，谨慎行事。

第2章　理论基础与分析框架

本章主要就本书中所用相关理论进行总结概述，建立对应的理论分析框架，结构安排如下：第一部分，对本章中所借鉴的有关理论进行概述，并明晰本书各部分内容对于有关理论的借鉴之处；第二部分，针对本书关注的三个方面主要内容（"一户一田"形成机理和农户实施意愿，"一户一田"的相关影响）分别建立理论分析框架，以期为后续实证研究提供理论支撑；第三部分，对理论基础和分析框架进行总结，梳理本章研究结论。

2.1　理 论 基 础

2.1.1　农户行为理论

农户进行农业生产的主要目标是在一定的社会环境下追求自身利益最大化。具体而言，农户会根据客观环境的变化，采取一系列调节（适应）措施，以达到利益最大化的目的。而要分析农户农业生产变化行为，必须要了解农户行为理论，才能理解农户的行为动机。围绕农户的行为动机，众多学者开展了相关研究，取得了较为丰富的研究成果，并形成了完善的理论体系。从主流观点来看，根据不同时代背景下农户的行为动机，可以把农户行为理论分为以马克思为代表的

"剥削小农"、以恰亚诺夫为代表的"生存小农(道义小农)"、以舒尔茨为代表的"理性小农(营利小农)"和以黄宗智为代表的"综合小农"四大学派(栾健,2021)。

(1)马克思的"剥削小农"

马克思的"剥削小农"观点在很大程度上是根据英国圈地运动和 18 世纪英国农场逐步被资本主义改造的经验得出的,其核心观点在于:资本主义市场是在资本积累、劳动分工和社会变革中逐步实现的,因此商品经济的最终表现形式是资本主义。伴随着商品化程度的不断提升,小农经济会出现本质性转变。小农逐步成为被资本剥削的对象,尽管付出大量劳动,但生产中的大部分剩余都以地租形式转移至拥有土地等资本的地主手中,最终在面临自然灾害等农业风险冲击时沦为破产者或无产者。马克思认为,小农意味着无知、弱势和落后,农业经营方式以家庭为单位的小规模经营为主,种植技术则依靠祖辈代代相传,对于现代化农业生产要素采用较少,农业生产基本处于自给或半自给状态,具有低商品化和低生产率特征。伴随着商品经济的发展,小农作为无产阶级的构成部分,将会与拥有生产资料的资产阶级形成对立的生产关系,最终结果是小农被资本剥削和改造,实现被资本掌控的规模化经营,小农生产模式逐步衰亡。

(2)恰亚诺夫的"生存小农"

苏联经济学家恰亚诺夫是生存小农理论的代表,他在《农民经济组织》一书中,全面阐述了生存小农的思想。他认为,在农业生产高度自给的社会,农户家庭经营主要依靠的是家庭劳动力,而不像资本主义企业主要依靠雇佣劳动力;农户生产产品主要是为了满足农户家庭的自给需求,而不像资本主义企业为了追求市场利润最大化。主要原因是,农户的劳动和产出密不可分,而投入无法像支付工资那样计算成本,因此农户在追求最大化时不是衡量成本和利润,而是衡量劳动本身辛苦程度和自家消费需求。

匈牙利经济学家卡尔·波拉尼在恰亚诺夫的基础上提出,要用

"实体经济学"取代"形式经济学"来分析资本主义市场出现之前的经济，他在《大转型：我们时代的政治与经济起源》一书中尖锐地指出，资本主义经济学以自由竞争市场的存在为基本前提，社会关系嵌入在经济行为中，而在资本主义市场出现之前的社会，经济行为嵌入在社会关系中，用资本主义经济学（形式经济学）来研究小农行为实际上背离了农业和农村的真实现状。

美国经济学家詹姆斯·斯科特秉承了恰亚诺夫和波拉尼生存小农的理论，并在此基础上提出了"道义经济学"的概念。在他看来，"避免风险"和"安全第一"的生存伦理是支配农户一切经济行为的基本准则。他用生存伦理分析了20世纪30年代东南亚农村地区农民的经济社会活动，发现生存伦理对贫困农民和佃户很适用，他们饱受剥削，处在生存线的边缘，不关心新古典经济学所强调的利润最大化，而是关心如何避免风险确保家庭成员能够得以基本生存。

（3）舒尔茨的"理性小农"

美国经济学家西奥多·舒尔茨是理性小农理论的代表，其思想曾在《改造传统农业》中得到全面阐述。他沿用"形式经济学"对人的假设，认为在竞争的市场机制中，传统的小农经济行为和西方社会一般人想象的不一样，他们不是"没有理性"和"懒惰愚昧"的代名词，他们有理性、有进取精神和资本主义企业家一样，对市场刺激有正常的反映，会根据成本和收益在生产上进行调节和配置。小农的经济行为符合帕累托最优原则，其目标也是追求利润最大化。在农业生产过程中，农户进行的要素配置同样是有效率的，传统农业中也不存在隐性失业问题。他通过危地马拉的帕那加撒尔和印度的萨纳普尔两个传统农业社会的经验分析证实，"传统农业贫穷而有效"。传统农业落后的根源在于农民无法获得新的收入流而陷入的"低水平均衡"。基于此，舒尔茨认为，改造传统农业的本质并非改变小农经营模式，而是要进行人力资本投资，使农民掌握新的技术，从而打破现有的低水平均衡陷阱，获得新的收入流。总体来说，舒尔茨的"理性小农"更强调市场经济的重要性，认为改造传统农业的过程完全可以借助市场的力量，激励农民选择各类能够实现利润最大化的行为。

另一位经济学家萨姆尔·波普金沿袭了舒尔茨的理论，他认为小农是理性的，小农会在权衡风险和利益之后，为追求家庭福利最大化而做出理性选择。波普金在《理性的小农：越南农村社会政治经济学》一书中指出，越南的农民是理性的，他们为了追求利润最大化会相互进行竞争，然后根据自身对价格的判断做出能实现利润最大化的选择。

（4）综合小农

"综合小农"最早由黄宗智在其著作《华北小农经济与社会变迁》中提出的。以黄宗智为代表的综合小农学派认为，中国的农民既不完全是卡亚诺夫学派所强调的生存小农，也不是舒尔茨学派所认为的理性小农，而是恰亚诺夫学派和舒尔茨学派的综合体，即综合小农。恰亚诺夫学派和舒尔茨学派的理论只反映了小农这个综合体的某个侧面。他深入分析了恰亚诺夫和舒尔茨的研究结果后，指出农户家庭因为剩余劳动力过多且缺少就业转移机会，导致劳动的机会成本几乎可以忽略，所以才会在边际报酬很低的情况下继续在土地上投入劳动进行生产。同时他在《华北的小农经济与社会变迁》和《长江三角洲小农家庭与乡村发展》这两本书中对综合小农的观点进行了深入阐述。他以长江三角洲和华北平原为例，研究发现中国小农在维持生计的同时还追求利润最大化，另外指出了中国农业存在着"过密化"的问题。

黄宗智的综合小农理论得到了中国一些学者的支持。如凌鹏（2007）指出，小农的经营模式不能简单地用"生存小农"和"理性小农"的理论，应具体分析各个阶层农民的行为。他认为底层农户是规避风险维持生计的生存小农，而中上层的农户则是追求最大利润的理性小农。方行（2004）的研究认为，中国近代前几个世纪的小农经济都是自然经济和商品经济相结合的经济模式。农民为追求温饱，大多数选择自给性生产和商品性生产相结合的多种经营模式。大部分地区的农民既种植粮食，又种植经济作物，并按照交换价值的比较利益选择种植的品种。他们种粮食是为了保障家庭口粮，种植经济作物是为了赚取货币，购买维持家庭生活的其他生产资料。他们并不是不想发财致富，只是很难实现。而江南的部分农民为了追求市场利益选择种棉织布，收益大大提高。

（5）农户行为理论评述及与"一户一田"的关系

生存小农、理性小农和综合小农的理论对研究中国当代农户行为有重要的启发意义，特别是农户在决策时通常会根据自身利益遵循"理性小农"的原则，根据所处的情况做出适合自己的最优选择。但是这些理论所研究的小农也是具有不同含义的小农。具体而言，生存小农理论形成于20世纪20至30年代，研究对象主要是十月革命前俄国的小农，这里的小农是处于非市场化状态下的农民。理性小农理论形成于20世纪60至70年代，研究对象主要是19世纪中期以来东南亚的小农，这里的小农是处于完全市场化状态的农民。综合小农理论主要形成于改革开放前，部分延伸到1985年，研究对象主要是中国20世纪30至70年代的小农（徐勇和邓大才，2006）。因此研究当代农户的经济行为，既要考虑农户行为经典理论，也要考虑实际情况（孙小龙，2018）。

2.1.2 制度变迁理论

诺斯在《经济史中的结构和变迁》一文中指出，制度是一系列对行为主体追求福利和效用最大化施加约束的正式或非正式的规则（程序和行为准则）的集合。它包括制度环境和制度安排两个方面。制度环境是社会中所有制度的集合，包括一系列政治、经济、社会和法律基本规则。而制度安排则是一定制度环境中形成的，支配经济单位之间（经济秩序）合作或竞争方式的一种安排。

制度变迁是制度创建、变更及随着时间推移最终被打破的方式。

它包含两层意思：一是新的制度如何产生；二是新的制度如何替代（接轨）旧制度。从历史的角度看，制度是一个从产生到发展再到灭亡的过程，而制度变迁就是新制度代替原制度的过程。之所以会出现制度变迁主要是因为市场规模、技术、收入预期或者政治游戏规则等外生性变化使某些群体有可能获得潜在利润从而增加收入，但由于现存的安排结构导致潜在利润不能内部化，而只有经过创新的制度安排才可能使这些群体获得潜在利润。如果这类群体通过认知时滞把目标调整到成本小于利润的情况，就会获得潜在利润。反之，他们就可能会修改旧的制度安排。

虽然外部利润的存在为新制度替代旧制度提供了动力源泉，但是制度变迁的方式是不同的。从制度变迁的主体类型来看，可以划分为诱致性制度变迁和强制性制度变迁两种。其中，诱致性制度变迁主要指由个人或群体在追求潜在利润时自发倡导、组织和实行而导致的制度变迁。强制性制度变迁是由政府通过发布命令或引入法律最后付诸实施而引起的制度变迁。这两类变迁方式存在以下几点不同：首先，从变迁的主体来看，诱致性制度变迁的主体多数是个人或某一群体，而强制性制度变迁的主体是国家政府。其次，从改革程序来看，诱致性制度变迁自下而上由里及外，而强制性制度变迁则相反。最后，从制度变迁的性质来看，诱致性制度变迁具有渐进性质，而强制性制度变迁具有激进性质。

结合本书的研究内容，本书在后面的章节将基于诱致性制度变迁角度，分析"一户一田"的形成机理以及农户对于"一户一田"的实施意愿。

2.1.3　隧道效应理论

20 世纪 70 年代，著名经济学家赫希曼（1973）提出了"隧道效应"理论。隧道效应理论包括正向隧道效应和负向隧道效应，正向隧道效应从根本上来说，是指某种正向预期效果。例如当隧道处于拥堵状况时，如果临近车道的车开始前进，就算本车道仍然处于拥堵状态，人们也会有很快可以脱离堵车状况的预期，因此产生的乐观心态就是正向隧道效应。相反，若另一车道一直前行，但己方车辆没有移动迹象，我们就会变得特别沮丧和深感不公，并且我们对不公平的忍耐度会随另一车道车的加速而不断降低（周宗伟，2015），这就是负向隧道效应。

隧道效应的实现基于一个基本假设，即两条车道结束拥堵状态的概率是相等的，正像人们对于幸福的追求机会是相同的。但是在实际生活中往往是复杂多变的，大多数情况下就会导致严重的负向隧道效应，而且拥堵车道向非拥堵车道并道存在困难，于是在采取同等措施的前提下，得到的结果不同，一部分人的幸福感也会降低。本质上说，要将绝对公平原则作用到结果只是一种理想状态，几乎无法实现，平均主义的引入，也无法带动社会整体的幸福感。因此，机会公平才是根本的解决方式，即令每个人的发展机会都处于公平的状态下。

中国近代农地制度调整优化过程中，无论是土地革命时期的"耕者有其田"，抑或农业集体化时期的平均地权，还是家庭联产承包责任制下的"均包"，"共同前进"的公平基因得到了很好的保留和传承。"一户一田"是通过村组土地调整将每户多块承包地整合为一块。作为一种化解农地细碎化的地块整合模式，若不能实现所有农户某种利益"共同前进"的帕累托改进，必然会影响条件未能改善农户对"一户一田"的满意度。

2.1.4 规模经营理论

农地的规模经营理论涉及规模经济和规模报酬两个概念。规模经济由古典经济学之父亚当·斯密提出，即分工和专业化生产可以有效降低生产成本、提高生产效率。根据《新帕尔格雷夫经济学大词典》，规模经济是在既定技术条件下，生产一单位单一的或者可复制的成本，如果在某一区间内平均成本递减，则表明这里存在规模经济。根据《西方经济学大辞典》，规模报酬是指在既定技术水平下，所有投入要素数量同比例变化时产量的变化率，或各种生产效率同比例变化时得到的产量变化。规模经济与规模报酬存在一定差别，表现在以下三方面：首先，相对于规模经济，由于规模报酬需要所有要素同比例变化，因此规模报酬的实现条件更为严苛，而规模经济则包括了所有要素不按同比例变化的情况，因此规模报酬是规模经济的一种形式，但规模经济并不一定通过规模报酬实现；其次，规模经济是对产出变动和成本变化关系的探讨，而规模报酬则是在分析投入同比例变化对产量的影响，两者关注的侧重点不同；最后，规模经济是从货币价值层面进行的分析，而规模报酬则涉及农业生产函数的变化，属于实物层面的研究。

以"一户一田"实现农地规模经营，本质上是追求规模经济，指的是短期劳动力等要素和技术限制条件下，适度扩大农地经营规模，使土地、资本和劳动等生产要素配置不断优化，从而实现最佳效益的行为。

2.1.5　农地产权理论

产权是个人收益和损失的一组权利束，通常包括使用权、收益权和交易权（埃格特森，2004），其对个人经济决策具有重要影响。阿尔钦在《新帕尔格雷夫经济学大词典》指出，产权是法律明确规定的对各种经济物品的用途进行选择的一种权利。20 世纪 60 年代，科斯（Coase，1960）在其《社会成本问题》中提出交易费用概念，并将产权纳入经济分析中，由此初步形成了产权理论的基本框架。此后，阿尔钦、德姆塞茨、巴泽尔和张五常在此基础上将产权理论不断完善和延伸，并根据自己的实际研究对产权进行了定义和剖析。阿尔钦（1950）认为，产权是经济分析的重要前提，稀缺资源的配置方式可以通过对资源使用权利的安排表现出来，而产权的界定、表示形式和交换方式直接关乎资源配置效果；德姆塞茨（1967）将产权看作一种社会工具，认为产权的重要性表现为可以帮助交易双方形成合理预期；巴泽尔（1974）认为消费资产、让渡资产和从资产中获益三种权利构成了资产的产权；张五常（1969）认为，只要准确界定了使用权、转让权和收益权，那么无须关注所有权的归属。

农地产权是人与土地关系的直接体现，包括土地的所有权、使用权、收益权、处分权、转让权和抵押权等（赵阳，2007）。具体到农地流转这一过程，农地流转是农地经营权的流转，实质上是农地使用权的转移。而地块的细碎化就意味着产权的细碎化，意味着农地使用权转移的难度。实施"一户一田"的农户，土地产权更加整合，谈判难度较小，交易成本较低，农户间很容易实施地块的流转。反之，对于"一户多田"的农户，土地产权较为细碎化，谈判难度大，交易成本高，农户间流转难度较大。转入户将不再有对转入地进行投资的积极性（Besley T，1995）。

2.1.6 理论借鉴之处

本书理论借鉴之处如表2-1所示。

表2-1 理论借鉴表

理论基础	借鉴之处
诱致性制度变迁理论	本书借鉴"诱致性制度变迁理论"研究农户"一户一田"实施意愿影响因素。诱致性制度变迁理论：村组内土地禀赋差异——实施后收益成本差不同——"一户一田"农户实施意愿不同
"隧道效应"理论	本书借鉴"隧道效应理论"研究农户"一户一田"满意度影响因素。隧道效应理论：地块数量—农户福利优化差异—"一户一田"农户满意度不同

续表

理论基础	借鉴之处
农户行为理论	本书借鉴农户行为理论中"理性小农"的观点分析"一户一田"实施意愿以及"一户一田"对生产成本、粮食单产和非农就业的影响 "理性小农"理论：地块细碎化影响农业生产效率—"一户一田"—优化农户劳动力配置—降低生产成本、提高粮食单产、促进非农就业
规模经济理论	本书借鉴规模经济理论分析"一户一田"对农户生产成本的影响。 规模经济理论："一户一田"—缓解要素不可分性问题—降低生产成本
产权理论	本书借鉴产权理论分析"一户一田"对于土地流转的影响进而促进农户非农就业 产权理论："一户一田"—整合地块细碎产权—利于土地流转—促进农户非农就业

2.2 分析框架

2.2.1 分析框架一："一户一田"形成机理和实施意愿的分析框架

林毅夫（1994）认为诱致性制度变迁是现行制度安排的变更或替代，或是新制度安排的创造。它是由一个人或一群人，在响应制度不均衡引致的获利机会时自发倡导、组织和实行的。制度的转型，即从当前实施的制度框架过渡到另一制度结构，通常伴随着高昂的转型成本。除非转变到新制度安排的个人净收益超过制度变迁的费用，否则不会发生自发的制度变迁。可见，制度变迁收益和成本之比是实现诱致性制度变迁的关键因素，如果预期收益大于预期成本，行为主体则会推动制度变迁，反之亦反。近些年部分地区农户生产生活相关因素发生了较大变化，"一户一田"实施预期收益逐渐大于成本，农户也就有了强烈动机，推动村组集体通过土地调整实施"一户一田"。

（1）"一户一田"诱致性制度变迁预期收益分析

一是优化人力资源配置增加非农收入。过去农民最重要的收入来源是农业，因此极度追求土地分配的公平性，希望好坏均占、肥瘦均分，农地细碎化格局随之形成。农地细碎化会明显增加农业劳动时间：在灌溉时，农民要为每个地块排队等井、挪动灌溉设备，所调研地区部分村组农业生产为引黄灌溉，灌溉时需多人在黄河边放置百余斤的真空泵，每次挪动安装设备需要近 2 小时；在机耕机收时，农户等待、观望机械作业时间与地块数成正比，机械在地块间运输时间远超过作业时间。随着"打工经济"兴起，农民非农就业机会不断增多，劳动力要素在农业和非农部门间价格差异不断扩大，以收益最大化为目标的农户必然希望压缩农业劳动时间，将更多人力资源配置到非农劳动中去。形成"一户一田"的村组通常距离县城较近、周围有较多就业机会，或借助铁路、公路等交通网络前往北上广深等地打工。在非农就业的强大拉力下，当地农民就有强烈动机去实施"一户一田"，进而优化人力资源配置增加非农收入。

二是实现地块整合促进土地流转。农地细碎化会为流转带来高额交易成本，造成"想转的转不出去，想租的租不到"的情况。对土地转入方来说，为获得集中连片土地需与众多农户协商，不同农户对土地依赖程度不同，土地流转需求和要价也各不相同，若其中一家农户没有土地流转需求且地块位置特殊，承租者便难以租到连片土地（邱书钦，2017）。对土地转出方来说，若相邻地块农户没有流转意愿，流转价格可能因土地无法连片而降低，甚至失去流转机会。实施"一户一田"，一方面可以提高土地转入效率，利于种粮大户流转到连片土地，实现规模效应进而提高农业收入；另一方面可以提高土地转出效率，利于非农就业农户将土地充分流转防止撂荒，流转价格也会因为土地连片而提高（纪月清等，2017）。

三是促进农业投资增加农业收入。地块整合可以破除农业投资制约因素而促进农民增收。例如，在灌溉条件较差地区的农户有修建机井等设施需求，但若地块分散到不同位置，那么农户需要修建多口机井方能达到方便灌溉目的，修建成本高且外部性强。实施"一户一田"后，农户只需修建一口机井便可满足灌溉需求。此外，细碎地块难以满足蔬菜大棚等农业设施建设条件。以蔬菜种植户为例，山东省 Shigao 村有蔬菜种植传统，但因地块细碎且形状不规则，只能建设小拱棚，无法建设大型冷棚（一个蔬菜冷棚占地约 1 亩左右，细碎地块很难满足需求），而"一户一田"可以有效整合地块，促进大棚建设，增加农民收入。

（2）"一户一田"诱致性制度变迁预期成本分析

一是预期经营成本显著降低。过去农户"一户多田"主要原因是土壤肥力、排水能力、灌溉条件、地块远近等农地特征难以平衡。若一家只分一块地，必然有农户分到的土地位于土壤肥力较差的区域，此时必须通过增施肥料等措施保障原有粮食产量，增加预期经营成本。同理，若排水能力和灌溉条件不同的村组实施"一户一田"，也必然有农户分到的土地位于排水能力和灌溉条件较差区域，农户须通过将地块垫高和修建灌溉设施等方式规避风险，这无疑也会增加农业经营成本。以前大多采用人、畜拉车方式运送粮食和农资，地块远近对农业生产非常重要。如今在一些村组这些因素已悄然改变。在土地肥力方面，随着盐碱地治理、深耕深松普及，很多差地逐步被"种好"，肥力整体差距缩小；在排水能力方面，部分地区把村中洼地垫高，解决了下雨积水难题；在灌溉条件方面，随着农田水利设施项目投入，灌溉困难地块大幅度减少；在地块距离方面，现在农户大多采用机动车运输粮食和农资，农户对于地块距离考量相对减弱。这些村组实施"一户一田"后的预期经营成本已显著降低。

二是组织实施成本相对较低。组织实施成本是指工作经费和对农户既有投资的补偿费用。工作经费包括土地调整时工作人员工资、餐费、绳尺工具费用，此项成本相对固定且不高。根据对山东省 24 个实施"一户一田"村组实施成本统计，人均费用不足 10 元。农户投资补偿费是对因土地调整造成农户投资损失的补偿，如农户种植的苗木果树需要砍伐，农业设施可能调出自家土地等。形成"一户一田"地区大多种植粮食作物，投资相对较少，因此村组补偿负担较轻，和农户谈判过程相对容易，实施成本相对较低。

三是环境阻滞成本基本为零。"一项制度的效率还取决于其他制度安排实现它们功能的完善程度"（林毅夫，1994），也就是说一项制度的诱致性变迁可能因周围各种"摩擦力"的影响而不同，林万龙（2001）将其归纳为阻滞成本，而村组干部支持率偏好和基层政府对调地行为的认同使"一户一田"的阻滞成本基本为零。一是村组干部具有支持率偏好。村干部通常由本村党员、村民选举产生，所以村组干部对农户支持率有一定偏好，会尽可能满足农民意愿。二是基层政府对调地认同。相当比例实行"一户一田"的村组，有土地调整的传统。基层干部对调地态度宽容，甚至有较强认同感，认为土地应当进行适时调整以确保公平。因此，当村组提出"一户一田"设想时，基层干部通常是默许甚至鼓励态度，为其实施提供了良好的制度环境。

如图2-1所示，部分村组农户正是由于在预期收益逐渐增加和预期成本逐步减少的双重作用下出现了"一户一田"诱致性制度变迁的动机，并在基层政府默许鼓励态度时，通过一系列方案设计、优化和实施，将"一户一田"由设想变为现实。

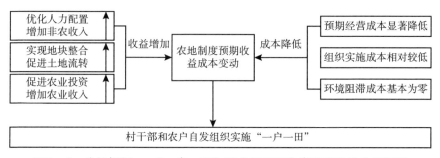

图2-1　分析框架一："一户一田"形成机理和农户实施意愿分析框架

2.2.2　分析框架二:"一户一田"经济效应的分析框架

(1)"一户一田"与生产成本

"一户一田"会形成农户地块层面的规模经济,优化要素配置,降低生产成本。地块规模经济主要是由于特定要素投入的不可分性(见图2-2)。

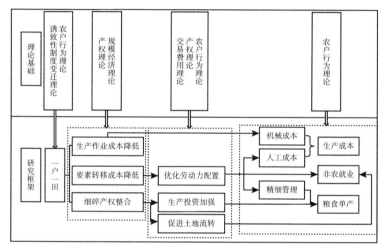

图 2-2　分析框架二:"一户一田"经济效应的分析框架

一是要素转移成本的不可分性。在劳动投入方面,若地块过于细碎,农户需在家和地块之间、不同地块之间往返奔波,大量时间会消耗在移动过程中,导致人工成本处于高位。在机械移动方面,其燃油费用与地块间移动距离成正比。若地块过于分散,在农业生产中将有大量燃油费用消耗在移动途中,单位面积所分摊的机械费用较多。实施"一户一田"后,农机移动距离会显著减少,进而影响单位产量机械成本。种子、化肥、农药等生产资料运输成本也与之相似。

二是生产作业成本的不可分性。农机在田间劳作时,机械作业宽幅和调转方向所消耗的时间和燃料是固定的。若地块过于零碎,农机

41

会在劳作时表现出频繁转向、移动困难的特征（丁启朔等，2013），降低机械使用效率，增加人力和燃料成本。实施"一户一田"后，农户可采纳高效率的大型机械进行劳作，机械调转成本也会明显减少，单位面积分摊的作业成本便会降低（吕挺等，2014）。但随着社会化服务组织的发展，农机利用方面的规模经济可能逐步被转移到农户外部而非农户层面的内在经济。当同一村组土地或同一大片土地由一位农机手负责统一作业时，虽然农户地块细碎分散但若它们属同一大片地块，就不会出现机械的低效使用。此时，实施"一户一田"可能对于机械成本影响较小。

三是生产设施投资的不可分性。细碎地块上投资难度大、成本高，农户投资生产设施意愿较低（蔡荣，2015）。灌溉用井、排灌沟渠及机耕道路等生产设施建设起步成本高，总成本固定或呈阶梯式增加，分摊固定成本地块面积越大，单位面积和单位产量粮食分摊成本就越少。例如，在灌溉条件较差地区的农户有修建机井等设施需求，但若地块分散到不同位置，农户则需修建多口机井方能达到方便灌溉目的，修建成本高且外部性强。实施"一户一田"后，农户只需修建一口机井便可满足灌溉需求，生产设施投资意愿便可能增强，进而降低灌溉等环节生产成本。

（2）"一户一田"与粮食单产

"一户一田"对粮食单产的影响通过两种作用机制实现。

第一种作用机制："一户一田"—优化劳动力配置—粮食单产提高。地块细碎时，农户劳动力浪费明显。在移动运输环节，农户需在家和地块之间、不同地块之间往返，大量时间会消耗在个人移动和生产资料运输过程中；在灌溉环节，农户要为每个地块排队等井灌溉，挪动灌溉设备，费时颇多[①]；在机械作业环节，机械难以在细小地块上耕种，农户只能被迫采取人畜劳作的原始方式，此外，农户等待、

————————

① 所调研地区部分村组农业生产为引黄灌溉，灌溉时需多人在黄河边放置百余斤的真空泵，每次挪用安装设备大约需要近 2 小时。

观望机械作业时间与地块数成正比。与此同时，随着非农经济的发展，非农劳动挤占劳动时间的情况越发明显。农户常因"精力不济"造成灌溉、施肥、除草、打药不及时的"误农时"现象，影响粮食产量，甚至将部分无法机械作业的地块抛荒（卢华等，2016）。"一户一田"实施之后，理性农户会将原本浪费的劳动力部分投入农业生产过程中，"误农时"现象会明显减少，特别是小麦在抽穗、拔尖等关键生长期能够得到及时灌溉，作物得到精心管理，因此产量得以提升。

第二种作用机制："一户一田"—整合细碎产权—促进要素投入—粮食单产提高。细碎化地块抑制了农户对农业生产资料的投入，进而制约了粮食产量。土地方面，地块边界和田埂会造成土地资源的直接浪费；生产资料方面，农户会降低田地边界处农资使用量，进而抑制粮食产量（秦立建等，2011）；生产投资方面，灌溉用井、排灌沟渠及机耕道路等生产设施建设起步成本均非常高，总成本固定或呈阶梯式增加时，分摊固定成本地块面积越小，单位产品分摊成本就越高，农户投资意愿越低。"一户一田"实施后，作为"理性经济人"的农户投资意愿显著增强，粮食获得更加适宜的生长环境，产量因此提高。

（3）"一户一田"与非农就业

随着"打工经济"兴起，农民非农就业机会不断增多，劳动力要素在农业和非农部门间价格差异也不断扩大，以收益最大化为目标的理性农户有足够的动机将实施"一户一田"释放的原农业劳动力转移到非农劳动中去，从事劳动边际报酬更高的非农职业，进而增加非农就业人数。

"一户一田"对非农就业的影响可以通过两种作用机制实现。第一种机制："一户一田"—优化劳动力配置—促进非农就业。如前面的论述可知，"一户一田"可以实现"多块并一块、小块变大块，耕作地点集中"，农民耕种、灌溉、施肥、除草灭虫、收割等作业可一次性完成，排队等水、挪动灌溉设备、等待机械时间和地块间交通时间可显著减少，省时省工。此外，"一户一田"可以解决地块太小机械难以作业的困境，促进农业机械普及和农业外包服务采纳，进而形成对于农业劳动的有效替代，提高农业生产效率。作为理性经济人，非农就业机会多的农户会把节省出的劳动力用于非农就业，进而促进农户非农就业人数的增加，进而增加非农收入。

第二种机制："一户一田"—整合细碎产权—降低流转户流转难度—促进非农就业。农地细碎化会为流转带来高额交易成本，造成"想转的转不出去，想租的租不到"的情况。对土地转入方来说，为获得集中连片土地需与众多农户协商，不同农户对土地依赖程度不同，土地流转需求和要价也各不相同，若其中一家农户没有土地流转需求且地块位置特殊，承租者便难以租到连片土地进而降低流转意愿（张蚌蚌和王数，2013）。对土地转出方来说，若相邻地块农户没有流转意愿，可能导致土地流转价格因无法片面降低，甚至失去流转机会。总而言之，很多农户受制于地块细碎而难以流转的困境，农业劳动力被严重牵制，要么外出非农就业受阻，要么被迫撂荒土地。实施"一户一田"后，整合地块方便农户将土地转出，进而释放农业劳动力，最终增加非农收入。

2.3　本　章　小　结

根据研究目标，本章首先对农户行为理论、制度变迁理论、隧道效应理论、规模经营理论和产权理论进行了梳理，并列明本书对于上述理论的借鉴之处；然后基于上述理论，构建本书的理论分析框架。主要内容概括如下：

第一，梳理相关理论。一是对农户行为理论进行梳理，分别梳理了马克思的"剥削小农"、恰亚诺夫的"生存小农"、舒尔茨的"理性小农"和黄宗智的"综合小农",在此基础上结合当前研究背景,从农户利润最大化目标出发,分析"一户一田"形成的原因。二是通过分析制度变迁理论,明晰农户实施"一户一田"所能带来的成本和收益,研究"一户一田"的形成机理。三是通过分析"隧道效应"理论,明晰地块数量对"一户一田"满意度的影响。四是通过分析规模经济理论,明晰"一户一田"对于生产成本和粮食产量的作用机理。五是通过分析产权理论,明晰"一户一田"对土地流转作用,而土地流转又会进一步促进非农就业。

第二,构建分析框架。本书建立两个分析框架:首先是基于诱致性制度变迁理论,构建"一户一田"形成机理和实施意愿的分析框架;其次是基于农户行为理论、规模经济理论、产权理论、交易费用理论构建"一户一田"经济效应的分析框架。

第3章 "一户一田"调研村组的实践探索

本章主要基于24个实施"一户一田"村组的调研材料,用描述性统计的分析方法对"一户一田"形成机理、运行机制、整体效果和障碍困境进行研究,结构安排如下:第一部分,"一户一田"的形成机理。基于诱致性制度变迁理论,从农户实施"一户一田"成本和收益两个角度分析"一户一田"的形成机理。第二部分,"一户一田"的经验做法,即村组如何保障"一户一田"在实施过程中公平公正,顺利实施。第三部分,"一户一田"实施效果分析,即基于村组干部访谈资料了解"一户一田"实施的整体效果。第四部分,"一户一田"障碍困境分析,了解"一户一田"面临的制度障碍和现实困境,分析一些地区难以实施"一户一田"的原因。第五部分,本章小结。

3.1 "一户一田"形成机理

林毅夫(1994)认为诱致性制度变迁是对现行制度安排的变更或替代,或是新制度安排的创造。它是在现行制度模式下获利机会不均等时,由相关主体自发组织实施的。实现从既有制度到新制度的转变是一种费用昂贵的过程,只有当制度变迁的收益大于成本时,才会发生诱致性制度变迁。近些年,农户生产生活环境因素发生了较大变化,"一户一田"实施预期收益逐渐大于成本,农户也就有了强烈动机,推动村组集体通过土地调整实现"一户一田"。

3.1.1 "一户一田"诱致性制度变迁的预期收益分析

（1）优化人力配置增加非农收入

农地细碎化会明显增加农业劳动时间：在灌溉时，农民要为每个地块排队等井、挪动灌溉设备，所调研的部分村（组）农业生产为引黄灌溉，灌溉时需多人在黄河边放置百余斤的真空泵，每次挪用安装设备需要1个多小时；在机耕机收时，农户等待、观望机械作业时间与地块数成正比，机械在地块间运输时间远超过作业时间。随着"打工经济"兴起，农民非农就业机会不断增多，劳动力要素在农业和非农部门间价格差异不断扩大，以收益最大化为目标的农户必然希望压缩农业劳动时间，将更多的人力资源配置到非农劳动中去。山东省24个实施"一户一田"的村（组）位于济宁市和德州市，在山东省2021年16个地市 GDP 排名中分别名列第6位和第9位，经济发展水平相对较高，也就有较为充足的非农就业机会。此外，济宁市和德州市均在京沪铁路沿线，当地农户可以通过铁路前往北京、上海、天津等地从事非农就业，工资收入较高。农户也就希望通过实施"一户一田"，优化人力配置增加非农收入。

（2）实现地块整合促进土地流转

农地细碎化会为流转带来高额交易成本，造成"想转的转不出去，想租的租不到"的情况。对土地转入方来说，为获得集中连片土地需与众多农户协商，不同农户对土地依赖程度不同，土地流转需求和要价也各不相同，若其中一家农户没有土地流转需求且地块位置特殊，承租者便难以租到连片土地（张蚌蚌等，2020）。对土地转出方来说，若相邻地块农户没有流转意愿，流转价格可能因土地无法连片而降低，甚至失去流转机会。实施"一户一田"，一方面可以提高土地转入效率，利于种粮大户流转到连片土地，实现规模效应进而提高农业收入；另一方面可以提高土地转出效率，利于非农就业农户将土地充分流转防止撂荒，流转价格也会因为土地连片而提高（纪月清等，2017）。更重要的是，实施"一户一田"能够帮助农户减轻劳动力束缚，进而增加非农劳动收入。

（3）促进农业投资提高农业收入

地块整合可以破除农业投资制约因素而促进农民增收。例如，在灌溉条件较差地区的农户有修建机井等设施需求，但若地块分散到不同位置，那么农户需要修建多口机井方能达到方便灌溉目的，修建成本很高。实施"一户一田"后，农户只需修建一口机井便可满足灌溉需求。此外，细碎地块难以满足蔬菜大棚等农业设施建设条件。以蔬菜种植户为例，Shigao村有蔬菜种植传统，但因地块细碎且形状不规则，只能建设小拱棚，无法建设大型冷棚①，而"一户一田"可以有效整合地块，促进大棚建设，增加农民收入。

3.1.2 "一户一田"诱致性制度变迁的预期成本分析

（1）预期经营成本显著降低

过去农户"一户多田"主要原因是土壤肥力、排水能力、灌溉条件等农地特征难以平衡。若一家只分一块地，必然有农户分到禀赋较差的土地，此时必须通过增施肥料、垫高地块和修建灌溉设施等措施保障原有粮食产量，这无疑会增加农业经营成本。济宁市和德州市能够出现"一户一田"与其平原内陆地理条件息息相关，而且近些年导致"一户多田"的因素已悄然改变。在土地肥力方面，随着高标准农田建设、盐碱地治理、深耕深松普及，很多差地逐步被"种好"，肥力整体差距缩小；在排水能力方面，部分地区把村中洼地垫高，解决了下雨积水难题；在灌溉条件方面，随着农田水利设施项目投入，灌溉困难地块大幅度减少。因此，这些村组实施"一户一田"

---

① 一个蔬菜冷棚占地约1亩左右，细碎地块很难满足需求。

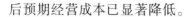

后预期经营成本已显著降低。

（2）组织实施成本相对较低

组织实施成本是指对农户既有投资的补偿费用和工作经费。在投资补偿方面，24 个实施"一户一田"村组的村民主要种植粮食作物，基本没有农户从事苗木、设施农业等投资回收期长的生产活动，不会让农户因担心投资受损而阻碍"一户一田"实施。工作经费包括土地调整时工作人员工资、餐费、绳尺工具费用，此项成本相对固定且不高。22 个村组在实施"一户一田"时产生了工作经费，其平均值为 8554.17 元，以 22 个村组的平均人口 920 人计算，平均每人承担工作经费 9.30 元，即使这部分费用全部由农民承担，费用也相对较低。

（3）环境阻滞成本基本为零

"一项制度的效率还取决于其他制度安排实现它们功能的完善程度"（林毅夫，1994），这意味着一项制度的诱致性变迁可能会受到各种"摩擦力"，林万龙（2001）将其归纳为阻滞成本，而村组干部支持率偏好和基层政府对调地的认同使形成"一户一田"的阻滞成本基本为零。一是村组干部具有支持率偏好。现行基层选举制度使村组干部大多数由农户选票决定（孙新华等，2020），所以村组干部对农户支持率有强烈偏好，会尽可能满足农民意愿。二是基层政府对调地认同。相当比例形成"一户一田"的村组有土地调整的传统（孙新华等，2020），基层干部对其态度宽容，甚至有较强认同感，认为土地应当进行适时调整以确保公平。因此，当村组提出"一户一田"设想时，基层干部通常以默许甚至鼓励态度，为其实施提供了良好的制度环境。

如图 3-1 所示，部分村组农户正是由于在预期收益逐渐增加和预期成本逐步减少的双重作用下产生了"一户一田"诱致性制度变迁的动机。村组干部感受到农户实施意愿，并在基层政府默许鼓励态度下，通过一系列方案设计、优化、实施，"一户一田"便由设想变为现实。

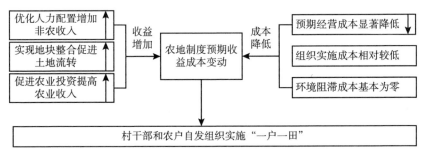

图 3-1 "一户一田"诱致性制度变迁的机理分析

3.2 "一户一田"实施村组的经验做法

实施"一户一田"是一项系统性工程,村组干部组织能力是能否顺利实施的基础,公平保障措施是"一户一田"顺利实施的保障,政府集体的经费支持可以起到推动作用,多项工作的协同可以发挥更好的效果(见图 3-2)。本部分也就从上述方面总结实施村组的经验做法。

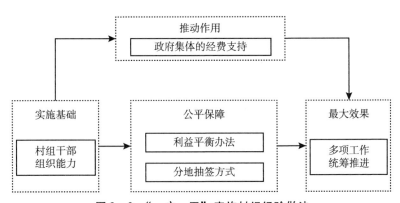

图 3-2 "一户一田"实施村组经验做法

3.2.1 通过高素质干部队伍奠定"一户一田"实施基础

通过统计发现,24 个实施村组干部换届时的支持率和任职年限均值为 88.42% 和 9.54 年,而 24 个未实施组村干部同期支持率均值为 74.13% 和 6.27 年。可见村组干部支持率是能否实施"一户一田"的重要因素。村干部支持率高和任职年限长,一定程度上说明,村组书记更具有号召力,干部队伍更有能力,也更有可能探索出实施"一户一田"的方式方法,进而保障"一户一田"的顺利实施。因此,选拔威望高、能力强的干部队伍是顺利实施"一户一田"的重要保障。

3.2.2 通过利益平衡办法减轻"一户一田"实施阻力

利益平衡可有效减轻"一户一田"实施阻力。如表 3 - 1 所示,虽然 24 个实施"一户一田"的村组土地禀赋差异整体较小,但依旧存在一定区别,特别是 8 个村组土地肥力方面存在不同。为在土地划分过程中保持公平公正,其中 7 个村组采取了"好差地"折算的办法,即"好地少分,差地多分",进而平衡了土地肥力。只有 1 个村组采取的是随机抽签的办法,无论抽到好地还是差地均愿意认领。除了土地肥力的平衡,其他方面的利益平衡办法也值得借鉴。Miaodong 村多年之前,地块间灌溉条件差异很大,有的地块只能靠天吃饭,小农水改造后方可实施"一户一田"。Zhongtaocheng 村有 1 块洼地容易积水且面积较大,雨季时极易导致玉米绝产,村集体出钱将洼地垫高,消除了种植风险,全村方能实施"一户一田"。考虑到本村农户投资多的情况,Xifangling 村保持农业投资较多的农户地块不动,其他农户平分地块实施"一户一田",如果占地面积大于调整后应得面积则按流转土地收费。

表 3 – 1   利益平衡的典型做法

村庄	土地禀赋差异情况	详细说明	利益平衡办法
8 个村组	土地肥力差异	村里土地根据地力分为一二三等地	7 个村组实行"好地少分,差地多分"
			1 个村组随机抽签、平均划分
Miaodong 村	灌溉条件差异	有些地块灌溉困难	实施小农水改造,使地块均能灌溉
Zhongtaocheng 村	排水条件差异	有些洼地容易积水	集体出资将土地垫平,防止地块积水
Xifangling 村	农地投资差异	有些农户建有大棚	个别农户地块不动,其他农户平分地块实施"一户一田"

3.2.3 通过科学分地抽签方式防止村干部以权谋私

科学的分地抽签方式,可有效防止干部以权谋私,保障"一户一田"的实施成效。24 个实施"一户一田"的村组中 23 个采取了"先抽签后分地",随机抽签的方式决定地块顺序,其中 12 个村组更是采取"两次抽签法"划分地块。"两次抽签法"即第一次抽顺序签,决定下一轮的抽签顺序;第二轮抽地签,根据抽签结果决定地块位置。只有 1 个村组没采取抽签,而是按照农户地块原有顺序和位置划分地块。无论是抽签法还是按照原有地块位置划分,均可以有效规避村干部以权谋私的行为,即工作人员通过变化量地绳尺松紧进行作弊(戴超,2015),保障了土地划分的公平公正。

3.2.4 通过政府集体承担费用推动"一户一田"实施

实施"一户一田"不可避免地会产生工作经费,若农民承担费用过多必然会影响其积极性,因此合理的经费来源具有重要意义。据统计,22 个村组在实施"一户一田"时产生了工作经费,均值为

40306.25 元, 最大值为 310000 元, 最小值为 0 元 (见表 3 – 2)。22 个村均产生了常规工作经费, 主要包括人员工资、购买量地尺具和餐补等, 还有部分村组产生了灌溉设施修建费、平整土地费用和土地改良费用。进一步对 22 个村组经费来源进行统计, 4 个村组费用由村民承担, 采用村组集体先行垫付然后均摊到农户的方式, 2 个村组费用由村民和村集体共同承担, 16 个村组费用由村集体或政府承担 (见图 3 – 3)。可见, 实施"一户一田"并未给大多数村组的农户带来经济上的负担, 因此农户实施意愿较强。

表 3 – 2   "一户一田"实施村组工作经费明细

项目	村组数 (个)	平均值 (元)	最大值 (元)	最小值 (元)
总费用	22	40306.25	310000	0
常规工作经费	22	8554.17	50000	0
灌溉设施修建费	9	29035.42	300000	0
平整土地费用	4	2258.33	41000	0
土地改良费用	1	478.26	11000	0

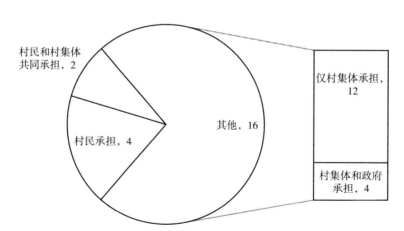

□ 村民承担 □ 村民和村集体共同承担 □ 仅村集体承担 □ 村集体和政府承担

图 3 – 3   "一户一田"实施村组工作经费来源

3.2.5 通过工作协同推进增强"一户一田"实施效果

为增强"一户一田"实施效果，一些村组将"一户一田"与土地流转、集体产权制度改革统筹推进。山东 Xifangling 村将村中耕地分为种植片区和流转片区，想种地的农民一户留一块整地，不愿种地的农户土地由村集体统一发包流转，并收取流转服务费。此举不仅可以化解土地禀赋差异大难以实施"一户一田"的困难，还可提高流转效率，增加村集体收入。有的村集体通过土地整理消除生产道路和田垄，并将增加的土地进行流转，使其成为村集体经济收入来源；或分给无地少地的农民，消除人地矛盾；或对用地进行统筹规划，解决沟、路、渠、桥、涵等公共设施用地难题。

3.3 "一户一田"实施村组的实施成效

农业增产与农民增收是农业农村发展的两大主题，更是实现乡村振兴和共同富裕的重要保障。因此本章从产量、成本、非农收入三个方面评估"一户一田"增产增收作用。考虑到"一户一田"涉及土地调整，本章也将地权稳定性纳入考虑范畴。

3.3.1 增加粮食产量

在调研中，7 个村党支部书记表示实施"一户一田"可以增加粮食产量。其原因有三：一是农业生产管理更加精细。农民通常会对地块边角疏于管理，种子化肥农药使用时均为地块中间多，周边少，不易均匀，而无论过多或过少都会影响粮食产量。此外，当农户某一地块面积过小时，农户通常会懒于管理，拔草除虫等工作量不足，甚至摆荒,造成地块单产少于平均水平。实施"一户一田"会有效减少地块边界,利于管理,达到增产效果。二是农业生产管理更加及时。小麦玉米拔节等粮食生长关键环节,及时灌溉至关重要。而"一户多田"时农户因需排队等井,很难及时浇灌所有地块,造成粮食产量降低。三是生产条件更加完善。村组实施"一户一田"时通常会进行灌溉设施修缮、农地平整等基础设施建设,此举会有效增加粮食产量。表 3-3 反映了两类农户粮食单产的对比,实施组小麦和玉米单产均高于未实施组。

表 3-3   粮食单产的对比分析

变量	未实施农户		已实施农户		均值相等 t 检验显著性
	均值	标准差	均值	标准差	
小麦单产（千克/公顷）	8226.84	1205.22	8470.49	1047.27	0.00
玉米单产（千克/公顷）	8356.16	1301.12	8500.78	1283.41	0.10

3.3.2 降低生产成本

9 个村党支部书记表示实施"一户一田"可以降低种植成本,特别是雇工成本和机械成本。在雇工成本方面,由于生产效率提高,农业用工量大幅度减少,用工费用自然降低。表 3-4 反映了两类农户生产成本的对比,人工成本参照张成鹏等（2022）的方法进行折算。无论小麦还是玉米,实施组农户总成本和人工成本均显著低于未实施组。未实施"一户一田"农户的机械成本、农资成本和土地成本均大于实施农户的均值,但未通过均值相等的 t 检验,这可能是因为没有控制其他因素导致的。控制变量后进行实证分析,实施"一户一田"会使小麦和玉米的机械成本分别降低 7.4% 和 1.1%,对农资成本和土地成本暂无显著影响（张成鹏,2022）。

表3－4　　　　　　　　生产成本的比较分析

变量		未实施"一户一田"农户		实施"一户一田"农户		均值相等 t 检验显著性
		均值	标准差	均值	标准差	
小麦	总成本（元/千克）	1.61	0.49	1.54	0.44	0.04
	人工成本（元/千克）	0.10	0.07	0.08	0.06	0.00
	机械成本（元/千克）	0.32	0.12	0.31	0.12	0.24
	农资成本（元/千克）	0.63	0.24	0.61	0.27	0.26
	土地成本（元/千克）	0.57	0.31	0.54	0.28	0.09
玉米	总成本（元/千克）	2.11	0.89	1.99	0.79	0.06
	人工成本（元/千克）	0.68	0.58	0.61	0.48	0.06
	机械成本（元/千克）	0.25	0.10	0.24	0.11	0.24
	农资成本（元/千克）	0.62	0.27	0.61	0.28	0.31
	土地成本（元/千克）	0.56	0.29	0.53	0.27	0.17

3.3.3　促进非农就业

在调研样本村中，有10个村党支部书记表示实施"一户一田"可促进非农就业，"一户一田"可以实现"多块并一块、小块变大块，耕作地点集中"。农民耕种、灌溉、施肥、除草灭虫、收割等作业可一次性完成，排队等水、挪动灌溉设备、等待机械时间和地块间交通时间可显著减少，省时省工，农民也就可以将更多时间用于非农工作，促进非农就业。调研时，山东省Xiaowei村党支部书记告诉笔者，"一户一田"实施后，每户地块由4块合并为1块，仅浇水时间就由4天缩短到1天，可增加打工收入300余元。具体效果如表3－5、图3－4所示。

表 3 – 5   非农就业人数对比分析

组别	未实施"一户一田"		实施"一户一田"		均值相等 t 检验显著性
	均值	标准差	均值	标准差	
非农就业人数（人）	1.39	1.11	1.64	1.29	0.01

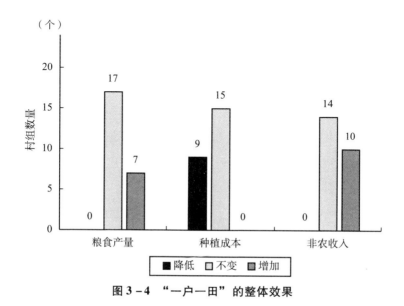

图 3 – 4 "一户一田"的整体效果

3.3.4 强化地权稳定性

土地调整是"一户一田"必要条件，而"一户一田"却可以抑制土地调整意愿，增强地权稳定性。本章对"一户一田"实施村组后期土地调整意愿进行统计，结果如表 3 – 6 所示。24 个实施"一户一田"的村组中，有 14 个村组具有土地大调整的意愿，远小于曾经进行土地大调整的村组数量 21 个；有 8 个村组具有土地小调整的意愿，也小于曾经进行土地小调整的村组数量 14 个。这说明农民对于土地公平的诉求使他们持续保持土地调整的冲动，但农地细碎化问题的解决使农民土地调整意愿明显降低。14 个愿意进行土地大调整的村组全部希望继续实施"一户一田"，说明"一户一田"取得的成效，已获得村民们的认可。

表 3-6   "一户一田"实施村组土地调整意愿

类型	大调整		小调整		大调整实施"一户一田"
	以前是否实施	未来是否实施	以前是否实施	未来是否实施	
是	21	14	14	8	14
否	3	10	10	16	0

3.4 "一户一田"的实践困境和优化路径

3.4.1 "一户一田"的实践困境

（1）土地调整合法性问题

改革开放以来，中国农村土地政策一直沿着稳定土地承包关系、增强农民投资信心的方向演进（见表 3-7）。2018 年修正的《中华人民共和国农村土地承包法》规定"承包期内，发包方不得调整承包地"；2019 年发布的《中共中央 国务院关于保持土地承包关系稳定并长久不变的意见》指出，"第二轮土地承包到期后应坚持延包原则，不得将承包地打乱重分，确保绝大多数农户原有承包地继续保持稳定"。土地承包法相关条款和现行政策基调使土地调整面临合法性危机，因此地方政府大多对土地调整明令禁止。纵然农民有"一户一田"需求，但很难通过土地调整实现"一户一田"。虽然近些年相关政策文件出现了鼓励农户实施"一户一田"的相关表述，但只是鼓励村组内部分农户通过土地互换，结合农用建设、土地整治实现地块整合，通过土地调整实现大范围的"一户一田"依旧面临合法性问题。

表 3 - 7 近些年关于土地调整相关的政策汇总

法律/政策	时间	部门	主要内容	规定
《中华人民共和国农村土地承包法》	2018 年 12 月	全国人民代表大会常务委员会	承包期内,发包方不得调整承包地	禁止调整
《关于促进小农户和现代农业发展有机衔接的意见》	2019 年 2 月	中共中央办公厅国务院办公厅	在有条件的村组,结合高标准农田建设等,引导小农户自愿通过村组内互换并地等方式,促进土地小块并大块,引导逐步形成一户一块田	鼓励土地互换
《中共中央 国务院关于保持土地承包关系稳定并长久不变的意见》	2019 年 11 月	中共中央国务院	第二轮土地承包到期后应坚持延包原则,不得将承包地打乱重分,确保绝大多数农户原有承包地继续保持稳定	禁止调整
			农户承包地要保持稳定,发包方及其他经济组织和个人不得违法调整	禁止调整
			对少数存在承包地因自然灾害毁损等特殊情形且群众普遍要求调地的村组,届时可按照大稳定、小调整的原则,由农民集体民主协商,经本集体经济组织成员的村民会议三分之二以上成员或者三分之二以上村民代表同意,并报乡(镇)政府和县级政府农业等行政主管部门批准,可在个别农户间做适当调整,但要依法依规从严掌握	个别允许土地调整
			各地可在农民自愿前提下结合农田基本建设,组织开展互换并地,发展连片种植	鼓励土地互换
《中共中央 国务院关于做好 2023 年全面推进乡村振兴重点工作的意见》	2023 年 2 月	中共中央国务院	总结地方"小田并大田"等经验,探索在农民自愿前提下,结合农田建设,土地整治解决细碎化问题	鼓励"小田并大田"

（2）所在村组适宜性问题

"一户一田"在很多地区难以实施。一是土地禀赋差异较大的村组。有的村组毗邻河湖,河边地易受到水灾影响;有的村组依山而居,部分地块由于地势较高,灌溉难度很大,只能"靠天吃饭",这两种情况都极易因自然风险而出现大面积减产甚至绝产。因此,这些地区农户至少拥有两块土地：河边地和内陆地、地势高地和地势低地。"一户一田"因会给农业经营带来较大风险而难以实施。二是农业投资较多地区。经济作物投资回收期长、农业设施专用性高，农地调整会使大量沉没成本难以收回，实施"一户一田"必然引致农户反对。三是既得利益复杂地区。随着城镇化的发展，有些靠近县城或公路的土地存在被征收并由农户接受高额补偿的可能性，这些村组利益错综复杂，农户担心地块位置变化造成自身利益受损，因此通过土地调整实现"一户一田"困难重重。黑龙江等地的农户在二轮承包期间普遍存在开荒行为，不同农户开荒地数量和成本存在较大差别，若开荒地问题不能有效解决，"一户一田"很难开展。四是地方风俗不容忽视。有些地区农户祖坟均在自家耕地，担心土地调整后祖坟会调出自家耕地会有损风水，不愿实施"一户一田"。山东省 Xiyang 村6组成功实施了"一户一田"，但各方面情况基本相同的5组却因为坟地问题未处理妥当没有实施。

（3）部分村民不支持问题

调研样本中，在实施"一户一田"时，9个村组有个别村民表示反对，原因是担心自己分到较差的土地，或因自己地中进行了较多的土地投资，抑或村民担心自家坟被调整出自家地。整体来说，实施"一户一田"是众望所归，但依旧有个别农户持反对意见。这些不同声音若不能妥善对待，可能会影响"一户一田"实施效果，并造成农村不稳定因素。因此，实施"一户一田"需要明晰不同农户诉求，尽可能完善实施方案，使其实现最优效果。

3.4.2 "一户一田"的优化路径

（1）优化政策，允许基层探索实践

农民自发通过土地调整方式实现"一户一田"看似在一定程度上违背了相关政策规定，但却能满足农民解决农地细碎化问题，改善农业生产条件的迫切心愿。目前，全国范围内第二轮土地承包即将到期，各地在讨论农村土地二轮延包试点方案。中央政府不妨借此机会给予村组和农户更多自主权，充分尊重"村民会议三分之二以上成员或者三分之二以上村民代表的同意"的决策方式，允许在农户实施意愿强烈的村组通过土地调整实现"一户一田"，改善农地细碎格局，进一步释放土地制度改革红利（张成鹏等，2020）。基层政府可以在局部范围选择村庄进行"一户一田"试点，先行先试。通过 3～5 年试点工作，研究评估"一户一田"实施效果，论证实行可行性，并制订适合本地区的实施方案，为更好地治理农地细碎化问题，优化农村土地二轮延包方案提供决策参考。

（2）因地制宜，适宜地区优先实施

我国不同地区地形地貌气候等自然环境条件差别很大，"一户一田"既不宜全部明令禁止，更不宜在所有村庄全部推广，应因地制宜，鼓励部分地区优先实施。一是充分考虑地形地貌等地理因素。"一户一田"将地块进行整合，在一定程度上增加了种植风险。山东省平原地区的农户实施"一户一田"可行性比较大，但是山区丘陵地区是否适合实施还要进一步讨论，谨慎行事。二是充分考虑农民意愿和满意度。农户地块数量、距家均距离、块均面积、年龄、非农收入、家庭规模、是否信任干部都是影响农户"一户一田"实施意愿的重要因素（张成鹏等，2022），实施后农户地块数量也会显著影响农户"一户一田"满意度。因此，地方政府实施"一户一田"不宜"一刀切"，应当在深入了解当地农户对于"一户一田"的实施意愿和满意度情况下，有针对性地实施。

（3）加强监督，防止农民利益受损

"村望村，户望户，群众望干部"，基层干部行为直接影响到群众的切身利益。虽然十八大后，村组干部素质明显提升，基层政治生态明显好转，但还是要防止村干部在"一户一田"过程中出现以权谋私的行为。乡镇政府应持续对村组干部进行监督，通过"两次抽签法"等合理规则保障"一户一田"更好地实施。若地方政府有意通过"一户一田"化解农地细碎化问题，应先通过高标准农田改造等项目着力消除土壤肥力、排水能力、灌溉条件等村组内土地禀赋差异，进而增强农户"一户一田"实施意愿。

3.5 本章小结

本章在对山东省48个村组的实地调研的基础上，基于诱致性制度变迁理论，研究了"一户一田"的形成机理、经验做法、实施成效、实践困境和优化策略。主要结论如下：（1）"一户一田"形成原因是制度变迁的预期收益大于成本，即"一户一田"可以优化人力资源配置增加非农收入、实现地块整合促进土地流转、加强农业投资提高农业收入，同时预期经营成本显著下降、组织实施成本相对较低、环境阻滞成本基本为零。（2）"一户一田"的成功经验在于有力的村组干部队伍、完善的利益平衡办法、科学的分地抽签方式、合理的实施经费来源、协同进行的工作办法。（3）"一户一田"有利于增加粮食产量、降低生产成本、促进非农就业、强化地权稳定性，但也面临实践困境，需要进一步优化制度环境，因地制宜妥善实施，更好地释放农村土地制度改革红利。

上述结论对于土地制度改革具有重要启示。46年前，安徽凤阳小岗村18位村民开启了家庭联产承包责任制的先河，极大地促进农业生产力发展。而今，自发出现的"一户一田"地块整合模式或是部分适宜地区治疗农地细碎化的良方，是家庭联产承包责任制在新时代背景下的改良和优化。农村土地二轮延包在即，政策层面不妨更加听取民意，更加尊重农民的自我选择，允许甚至鼓励适宜地区村组对"一户一田"进行探索实践，进一步释放土地制度改革红利，增进农民福祉，助力乡村振兴。

第4章 "一户一田"农户评价及影响因素分析

本章主要基于山东省 468 个未实施"一户一田"的农户数据和 246 个已实施"一户一田"的农户数据研究"一户一田"的农户评价及影响因素。本章主要结构安排如下：第一部分，引言，表明问题研究背景和意义。第二部分，描述"一户一田"未实施农户实施意愿和愿意实施的原因。第三部分，基于诱致性制度变迁理论分析"一户一田"农户实施意愿的影响因素，并进行实证研究。第四部分，描述"一户一田"已实施农户满意程度和对其满意的原因。第五部分，基于隧道效应理论分析"一户一田"满意度的影响因素，并进行实证研究。

4.1 引　言

党的十九届六中全会把"坚持人民至上"明确为我党百年奋斗的十大历史经验之一，为我国进一步深化农地政策创新、全面推进乡村振兴提供了根本遵循（肖万春，2022）。实践中凡是涉及农民基本权益、牵一发而动全身的事情，必须看准了再改，保持历史耐心。农地制度事关"三农"未来发展，一系列的改革都要坚持农民主体地位不动摇，切实尊重农民意愿。农户对于"一户一田"的实施意愿和满意度评价事关农民幸福感和满足感，是一系列改革实践能否"民心所向"的关键所在，具有较强的研究意义。

作为一种方兴未艾的事物，鲜有学者对农户"一户一田"实施意愿及其影响因素进行研究，赵小睿和张光宏（2018）对河南省粮食主产县535个农户地块整合意愿研究为鲜有的研究成果，其调研后发现，78.3%的农户希望通过整合减少地块数量，其中52.3%的农户整合预期为一块。此外，地块数量、块均面积、劳动力人数显著影响农户地块整合意愿。同时，土地承包经营权调整作为"一户一田"的实现方式，对农户实施意愿影响因素的研究文献相对较多且主要集中在三个方面：一是农户家庭特征，户主性别（商春荣等，2013）、年龄（商春荣等，2013）、受教育年限（李尚蒲和罗必良，2015）、无地人口占家庭人口比例（李尚蒲等，2015）、家庭外出打工状况（商春荣等，2013；张三峰等，2010）、医疗保险和养老保险（张三峰等，2010）、政治关联（李尚蒲和罗必良，2015）、物资水平（李尚蒲和罗必良，2015）、非农劳动力转移比例（罗明忠等，2018）、农业收入占比（罗明忠等，2018）等家庭特征都对农户土地调整意愿有显著影响。二是农地特征。人均农地面积（罗明忠等，2018）、村庄地形（李尚蒲和罗必良，2015）、交通条件（罗明忠等，2018）、到县城距离（罗明忠等，2018）、距离上次调地时间（商春荣等，2013）也会对农地调整意愿产生影响。三是政策因素。罗明忠等（2018）发现农地确权能够有效地降低由地势恶劣、土壤肥力低下及非农劳动力转移比例较高所引起的农地调整的频率及程度。对"不得调地"政策的态度也是影响农户"一户一田"实施意愿的重要因素（商春荣等，2013；李尚蒲和罗必良，2015；郑志浩和高杨，2017）。此外，土地调整意愿还受到个体饥荒经历等因素的影响（洪炜杰等，2020）。

对于满意度研究来说，由于"一户一田"是一种新兴实践，且实施村组分散，尚无关于"一户一田"满意度的文献。但对土地流转、土地整治、土地征收和土地确权等话题的满意度研究相对较多。在土地流转方面，文化程度（柯文静和周林毅，2019；陈振等，2018；岳潞潞等，2018；马艳艳和林乐芬，2015）、收入水平（柯文静和周林毅，2019；陈振等，2018）、性别（陈振等，2018）、年龄（牛星等，2020）、风险的感知和预期（陈振等，2018；牛星等，2020；岳潞潞等，2018）、农户是否愿意流转（柯文静和周林毅；2019）、是否参与培训（岳潞潞等；2018）、土地流转数量（岳潞潞等，2018；马艳艳和林乐芬，2015）、土地租金（岳潞潞等，2018）、政策认知（马艳艳和林乐芬，2015）、流转过程（陈振等，2018）等农户特征对土地流转满意度具有较大影响。在土地整治方面，农户性别、职务（聂鑫等，2014）、收入水平（庞春雨和宋蕊蕊，2021；聂鑫等2014）、收入结构（严立冬等，2013）、收入来源（陈甜倩等，2020）、农户所在的地理环境（聂鑫等，2014；庞春雨和宋蕊蕊，2021；梁甜甜等，2020；严立冬等2013）、土地流转意愿（梁甜甜等，2020）、土地整治后的土地流转情况（聂鑫等，2014）、农户关于土地整治的认识状况（梁甜甜等，2020）对于土地整治满意度具有显著影响。此外，严立冬等（2013）认为土地整治满意度与整治项目执行度和农户参与情况息息相关。刘莉等（2014）认为财务状况、安置房的产权性质以及农户生活压力也是影响农户满意度的关键因素。在土地征收方面，土地征收的补偿价格、方式和程序（江维国等，2020；马晓茗和张安录，2016），村庄的财务能力和资金分配方式（江维国等，2020；马晓茗和张安录，2016）、教育年限（江维国等，2020）、城镇化水平（马晓茗和张安录，2016）、土地质量和数量（马晓茗和张安录，2016）、当地的经济发展状况（马晓茗和张安录，2016）是影响土地征收的关键因素所在。在土地确权方面，冯晓晓等（2018）认为农户年龄、受教育年限、家庭成员是否为党员、耕地数量、对确权的认知程度、前后土地面积变化，涉及纠纷能否解决等因素会影响农户对土地确权的满意度。张雷等（2017）研究表明农户对相关政策的了解程度和农户的工作性质显著影响农户确权满意度，平原地区和家庭人口较多的地区满意度较高。

上述结论为后续研究奠定了良好的基础，但仍存在较大扩展空间。对于"一户一田"实施意愿相关研究来说，一方面，鲜见关于"一户一田"实施意愿及影响因素的文献；另一方面，土地承包经营权调整意愿研究大多聚焦于农户层面的家庭特征、不同村组之间的农地特征差异和外部政策因素，鲜见关注村组内部土地禀赋差异造成的影响。事实上，对于极度追求土地分配公平的农民而言，是否愿意实施"一户一田"取决于"村里的地是否相同"。只有村组内部土地禀赋相同，不会因其差异造成分配不公，农户实施意愿才会较强。因此，农户"一户一田"实施意愿究竟如何？村组内部土地禀赋差异对"一户一田"实施意愿有何影响？不同方面的土地禀赋差异影响是否相同？这些问题都有待进一步实证检验。

实施意愿是考察未实施农户对于"一户一田"的评价，满意度则考察已经实施"一户一田"的农户态度。对于"一户一田"满意度相关研究来说，由于实施"一户一田"的村庄数量较少，且呈散状分布，数据获取难度较大，因此目前没有"一户一田"满意度的相关文献。但是农村各项改革，农民最有话语权，"一户一田"作为一种新兴实践，农户对"一户一田"满意度如何？实施"一户一田"后农户地块数量不同是否会影响农户"一户一田"满意度？这些问题的研究对于更好地实施"一户一田"具有重要意义。

鉴于此，本部分基于农户视角，研究农户对"一户一田"的实施意愿和满意度。首先通过对问卷进行描述性统计分析，了解未实施农户对于"一户一田"的实施意愿，其次，利用468个未实施"一户一田"的农户数据，通过构建二元Logistic模型，以完成村组内土地禀赋差异及其他因素对农户"一户一田"实施意愿影响的实证检验；再次，分析已经实施"一户一田"农户的满意度；最后，利用246个未实施"一户一田"的农户数据，通过构建二元Logistic模型，以完成地块数量对农户"一户一田"实施意愿影响的实证检验，进而为优化"一户一田"实施方案，更好地化解农地细碎化问题，提出政策建议。

4.2 "一户一田"未实施农户意愿统计分析

4.2.1 数据来源

"一户一田"未实施农户意愿的分析数据,源于研究团队对于山东省济宁市和德州市先后两次的实地调研。第一次,2020 年 8 ~ 10月,前往山东省济宁市的 A 市、B 市和 C 县,德州市的 D 县、E 区和 F 县共计收集未实施"一户一田"的农户问卷 260 份。第二次,2020 年 10 ~ 12 月,前往山东省济宁市的 G 县、H 区和 I 县,德州市的 J 县、K 市和 L 市收集已实施"一户一田"的农户问卷 208 份,共计问卷 468 份。具体样本分布见 1.4.2 数据来源中的表 1 - 1、表 1 - 2和图 1 - 3。

4.2.2 未实施农户意愿分析

468 个未实施"一户一田"农户的实施意愿如表 4 - 1 所示,有388 个农户表示愿意实施"一户一田",占比 82.91%;有 80 个农户表示不愿意实施"一户一田",占比 17.09%,实施意愿均值为0.83。可见,整体而言大多数农户愿意实施"一户一田",实施意愿较为强烈。

表 4 - 1 "一户一田"未实施农户意愿统计

实施意愿	赋值	农户数	占比(%)	均值
愿意	1	388	82.91	0.83
不愿意	0	80	17.09	

　　农户愿意实施"一户一田"的原因如表4-2所示，349个农户认为"一户一田"有利于减少耕种时间，占比74.57%，是农户愿意实施"一户一田"的最重要原因。"一户一田"可实现地块整合，农民耕种、灌溉、施肥、除草灭虫和收割等作业可一次性完成，农户排队等水、挪动灌溉设备、等待机械时间和地块间交通时间可显著降低，省时省工。在非农经济快速发展的今天，面临非农部门和农业部门较大的工资差异，理性农户都希望尽可能压缩农业劳动时间，进而将更多的精力投入非农劳动中去。330个农户认为"一户一田"有利于机械化，占比70.51%。农地细碎化必然意味农户土地细碎零碎，彼此互不相连，大型机械难以在小型地块上耕种。"一户一田"可解决地块太小机械难以作业的困境，进而促进农业机械普及和农业外包服务采纳（胡新艳等，2018）。263个农户认为"一户一田"有利于降低种植成本，占比56.20%。对于大多数自给自足的小农户而言，其成本降低主要表现在机械成本方面，地块连片会降低机械行走成本，减少燃料在路途中的损耗。而对于雇用工人的规模户来说，由于生产效率提高，农业用工量大幅度减少，用工费用自然降低。161个农户认为"一户一田"可促进农地流转，占比34.40%。实施"一户一田"后，同一面积地块涉及农户数量大幅度减少，细碎产权得到有效整合，明显降低了流转大户谈判成本和流转难度，他们也就愿意相较周围更高价格流转实施"一户一田"村组的土地。128个农户认为"一户一田"有利于增加粮食产量，占比27.35%，实施"一户一田"后，农户交通、等待作业等时间会大幅度减少，农业劳动时间将更多地配置到农业生产过程当中，"误农时"现象会明显减少，特别是小麦玉米在抽穗、拔节等关键生长期能够得到及时灌溉，因此产量会提升。相对来说选择此项的农户比例较少，究竟会不会对于粮食产量产生明显的影响，还需要进一步实证检验。66个农户认为"一户一田"有利于增加土地面积，占比14.10%。地块细碎分散会导致田埂、地界、生产道路过多，大量良田被占用。实行"一户一田"

后，小地块间的大量田埂垄沟得以去除，水渠和小路得到整治，村中荒地进行整理，进而增加有效耕种面积。这与邱书钦（2017）、张蚌蚌和王数（2013）、张蚌蚌等（2020）等学者"一户一田"增加土地面积的结论存在一定偏差。主要原因是山东地区人多地少，土地已经得到了较为充分利用，地界、田埂和道路相对较少，因此实施"一户一田"后土地面积并不会发生明显变化。

表4-2　　　　　　　农户愿意实施"一户一田"的原因

原因	农户数	占比（%）
有利于减少耕种时间	349	74.57
有利于机械化	330	70.51
有利于降低种植成本	263	56.20
有利于土地流转	161	34.40
有利于增加粮食产量	128	27.35
有利于增加土地面积	66	14.10

表4-3从土地肥力、排水能力和灌溉条件三方面的差异描述了样本农户村组内土地禀赋差异情况。从土壤肥力差异来看，61.54%的农户所在村组土壤肥力存在差异，可见土壤肥力差异非常普遍，因此大多数村庄土地调整时会划分一二三等地，这是农户实施"一户多田"的重要原因。从排水能力来看，近半数农户所在村组排水能力存在差异，说明有部分地区存在难以排水的地块，主要是由于地势低洼容易造成雨季积水，进而影响粮食产量。从灌溉条件差异来看，34.83%的农户所在村组灌溉条件存在差异，比例相对较低，意味着随着国家对农田水利设施修建，大多数村组水利条件得到了很好的改善。整体来看，虽然调研地区位于鲁西平原，但是村组内土地禀赋差异依旧较为普遍，现有的数据情况能够很好地分析土地禀赋差异对于"一户一田"的影响，避免因样本过少影响回归结果的客观性。

表 4 – 3　　　　　　　　　　村组内土地禀赋差异

变量	分组	农户数	占比（%）
土壤肥力差异	存在	288	61.54
	不存在	180	38.46
排水能力差异	存在	214	45.73
	不存在	254	54.27
灌溉条件差异	存在	163	34.83
	不存在	305	65.17

4.3　“一户一田”实施意愿的影响因素分析

4.3.1　理论分析与研究假说

诱致性制度变迁理论告诉我们，现行制度发生转变，成为一种其他制度的过程是成本昂贵的。除非新制度安排下的个人净收益超过制度变迁的成本，否则不会发生自发的制度变迁（林毅夫，1994）。农户作为理性经济人，是否愿意实施“一户一田”，关键是“一户一田”预期收益和成本的对比。若农户实施“一户一田”的预期收益大于成本，则农户愿意实施，否则不愿意。农户“一户一田”实施意愿表达式可设定为：

$$Will = I - C \tag{4 - 1}$$

其中，I 为实施“一户一田”后农户预期收益，主要包括两部分：一是“一户一田”减少农业劳动时间，进而增加外出打工时间提高的收益；二是“一户一田”降低生产成本（包括人工成本、机械成本和农资成本）而增加的收益（杨慧莲等，2019；吕挺等，2014；顾天竹等，2017）。随着“打工经济”兴起，农民外出务工就业机会明显增多，工资性收入已成为农民第一大收入来源（张成鹏等，

2020），外出打工时间增多会使农户收益明显增加。同时，地块整合对于农业生产成本影响相对有限，农民预期收益增加主要来源于外出打工收入。

C 为"一户一田"实施中的交易成本和实施后的经营成本。交易成本主要为土地调整时的测绘费用和人员工资等，与地形显著相关（李尚蒲和罗必良，2015），平原地区费用相对固定且较低[1]。农户预期成本是指农户分到资源禀赋较差土地时改进生产条件的成本，如肥力改良、土地平整、灌溉设施修缮等。虽然实施"一户一田"的村组中，农户交易成本和预期成本在大多数情况下由村集体和上级政府承担，但仍有部分成本由农户承担[2]。除了一线城市和南方富庶地区，现阶段村集体和地方财政大多比较困难，若村集体想提升土地禀赋并实施"一户一田"，只能靠农户自发筹资，因此本书将其归入农户预期经营成本。若此费用无须农户承担，则为 0。

若 $Will = I - C > 0$，则农户愿意实施"一户一田"；否则，农户不愿意实施。在农户预期收益方面，农户家庭非农收入占比重越高，越会将劳动力投入到非农领域（王丽双等，2015），进而影响农户预期收益。在农户预期成本方面，除已有研究关注的地块数量、块均面积、地块到家距离外，村组内土地禀赋，即土壤肥力、排水能力、灌溉条件会使实施后的农户预期成本差异甚大，进而影响"一户一田"实施意愿。土壤肥力差异是指在其他生产要素投入相同的情况下地块单产差别。很多村组内土壤肥力存在差异，若实施"一户一田"，必有农户分到的土地位于土壤肥力较差的区域，此时须通过增施肥料等措施保障原有粮食产量，增加预期成本。排水能力差异是指雨季时村组中土地排水能力的差异。有些村组土地地势不同，局部地势较为低洼，夏季暴雨来临时排水困难，对于作物产量会产生很大影响。若这

---

① 研究团队曾对 22 个实施"一户一田"的村组进行调研，此项费用村组均 8554.17 元，以 1000 人/村组计算，人均费用不足 10 元。

② 22 个村组中，16 个村组费用由地方政府和村集体承担，4 个村组由农户均摊，2 个村组由农户和村集体共同承担。

些村组实施"一户一田",必有农户分到的土地位于排水能力较差的区域,此时须通过将地块垫高等方式规避风险进而增加预期经营成本。灌溉条件差异是指村组中土地灌溉难易程度存在区别,即部分地块易于灌溉,也有地块灌溉困难甚至只能靠天吃饭。若这些村组实施"一户一田",必然有农户分到的土地位于灌溉条件较差的区域,此时农户须通过修建灌溉设施等办法改进粮食生产条件,机井修建费用根据地势不同存在差异,多的可达十余万元。现阶段土地调整时,绝大多数村组均采用"两次抽签法"①,保证地块分配的随机性,即每个农户都有可能分配到土地禀赋较差的土地,增加预期成本,进而降低实施意愿。基于以上分析,提出研究假说:

H1:村组土壤肥力差异会降低农户"一户一田"实施意愿。

H2:村组排水能力差异会降低农户"一户一田"实施意愿。

H3:村组灌溉条件差异会降低农户"一户一田"实施意愿。

4.3.2 变量选择与模型设定

(1) 变量选择与说明

被解释变量。与农户访谈时,询问"您是否愿意实施一户一田",并加以解释"一户一田"是指村集体通过土地调整、土地互换等方式,将原来每户分散在多处、面积相对较小的承包地调整为一块大面积承包地的地块整合办法。随后按照"愿意 = 1;不愿意 = 0"对农户"一户一田"实施意愿进行赋值。

解释变量。本书主要考察村组内土地资源禀赋差异对"一户一田"实施意愿的影响情况,因此将村组内土地禀赋差异定位为核心解释变量。根据预调研与农户访谈状况,本章将村组内土地禀赋差异分为土壤肥力、排水能力、灌溉条件 3 个维度。在调查过程中分别询

---

① 即第一轮抽顺序签,确定农户下一轮抽签顺序,第二轮抽地块签,确定农户地块位置。

问"您所在村组土壤肥力存在差异吗？有没有粮食产量特别高的地？""您所在村组土地都能够及时排水吗？有没有排水不畅容易积水的地？"和"您所在村组灌溉条件存在差异吗？有没有容易灌溉的地？有没有难以灌溉的地？"

控制变量。参考赵小睿和张光宏（2018）的研究，本章选择地块数量、块均面积、地块距家均距离、农业经营决策人年龄、教育年限、家庭规模、非农收入占比等因素作为控制变量。其中，块均面积、地块距家均距离分别询问"您家承包地面积有多大""您家承包地有几块？每块地离您家有多远"。并根据受访者回答计算相关数值。此外，李尚蒲和罗必良（2015）研究表明政治关联对于土地调整具有显著影响，故考虑到农户对"一户一田"调整中公平风险的担忧，在控制变量中加入"是否相信干部"变量。调研时询问农户"如果实施'一户一田'，您相信村干部会在土地调整时保持公平公正吗？"对上述变量定义及说明如表4-4所示。

表4-4　　　　　　　　　变量定义与说明

维度	变量	变量定义	均值	标准差
被解释变量	"一户一田"实施意愿	愿意=1；不愿意=0	0.83	0.38
解释变量	土壤肥力差异	土壤肥力是否存在差异：存在=1，不存在=0	0.62	0.49
	排水能力差异	排水能力是否存在差异：存在=1，不存在=0	0.46	0.50
	灌溉条件差异	灌溉条件是否存在差异：存在=1，不存在=0	0.35	0.48
农地特征变量	地块数量	块	2.74	1.53
	块均面积	亩	2.51	1.91
	距家均距离	里	1.40	1.66

维度	变量	变量定义	均值	标准差
家庭特征变量	年龄	岁	50.37	14.32
	受教育年限	年	8.36	4.42
	家庭规模	人	4.42	1.72
	非农收入占比	%	0.71	0.27
	是否信任干部	是否相信干部在土地调整时 保持公平公正：信任 = 1，不信任 = 0	0.75	0.43
地区特征	地区	1 = 德州市农户；2 = 济宁市农户	1.58	0.49

（2）模型设定

Logistic 回归模型多用于因变量为定性数据的实证研究，分析自变量对因变量的具体影响趋势和程度，其因变量包括二分类变量（取值为 0 或 1）和多分类变量（分类数大于 3）。研究意愿问题时，大多采用二分类变量，如许佳彬等（2021）、李福夺等（2019），因此，本章将农户"一户一田"实施意愿分为"愿意"和"不愿意"两类，选择二元 Logistic 回归模型进行研究。模型构建过程如下：

假设因变量 Y 服从于二项分布，其取值范围为 0 和 1，即农户愿意实施"一户一田"为 1，不愿意实施为 0。模型设计为：

$$\ln\left(\frac{P_i}{1 - P_i}\right) = \alpha + \sum_{j=1}^{m} \beta_j x_j \qquad (4-2)$$

其中，P_i 为农户愿意实施"一户一田"的概率；$1 - P_i$ 为其不愿意实施的概率；x_j 为"一户一田"实施意愿影响因素；α 为常数项，与 x_j 无关；β_j 是各影响因素的偏回归系数，表示当其他自变量取值保持不变时，该自变量取值增加一个单位引起发生比的自然对数值变化量。

4.3.3　实证结果与分析

本章共设立 5 个模型，回归（1）仅加入农地特征和家庭特征变量,回归(2)~回归(4)依次加入村组内土地禀赋差异相关变量,运用 STATA15.0 软件进行分析,结果如表 4-5 所示。根据回归(5)分析村组内土地禀赋差异对农户"一户一田"实施意愿的影响。在回归分析之前,本部分首先对模型中的自变量进行多重共线性检验以确保回归结果的准确性和有效性。检验结果表明方差膨胀因子(VIF)均小于 2,即结果远小于 10,基本可以判断各自变量之间不存在明显的共线性问题,可进一步使用 Logistic 模型对结果进行估计。模型的 HL 指标为 6.086,P 值为 0.638,统计不显著,模型拟合效果很好。

表 4-5　　　　　　　"一户一田"实施意愿影响因素回归结果

变量	(1)	(2)	(3)	(4)	(5)
地块数量	0.019 (0.013)	0.025 ** (0.013)	0.021 * (0.012)	0.028 ** (0.013)	0.031 ** (0.013)
块均面积	− 0.019 *** (0.007)	− 0.016 ** (0.007)	− 0.014 ** (0.007)	− 0.018 ** (0.007)	− 0.014 * (0.007)
距家均距离	0.036 ** (0.016)	0.038 ** (0.017)	0.035 ** (0.016)	0.040 ** (0.017)	0.038 ** (0.017)
年龄	0.003 ** (0.001)	0.004 ** (0.001)	0.002 * (0.001)	0.003 * (0.001)	0.003 ** (0.001)
教育年限	0.002 (0.005)	0.001 (0.005)	0.002 (0.005)	0.003 (0.005)	0.001 (0.005)
家庭规模	− 0.020 ** (0.010)	− 0.020 ** (0.010)	− 0.022 ** (0.010)	− 0.021 ** (0.010)	− 0.021 ** (0.010)
非农收入占比	0.173 *** (0.060)	0.188 *** (0.059)	0.135 ** (0.062)	0.163 *** (0.059)	0.152 ** (0.062)
是否信任干部	0.201 *** (0.029)	0.193 *** (0.028)	0.205 *** (0.028)	0.193 *** (0.028)	0.193 *** (0.027)
土壤肥力差异		− 0.130 *** (0.036)			− 0.087 ** (0.038)
排水能力差异			− 0.119 *** (0.036)		− 0.080 ** (0.036)

变量	(1)	(2)	(3)	(4)	(5)
灌溉条件差异				-0. 127 *** (0. 035)	-0. 075 ** (0. 041)
地区变量	已控制	已控制	已控制	已控制	已控制
样本量	468	468	468	468	468

注: * 、 ** 、 *** 分别表示在 10% 、5% 、1% 的置信水平下显著。回归系数为边际效应，括号内数字为稳健性标准误。

（1）村组内土地禀赋差异对"一户一田"实施意愿的影响

在回归（5）中，所在村组内土地土壤肥力、排水能力和灌溉条件差异的回归系数分别为 -0. 087 、-0. 080 、-0. 075 ，在 5% 置信水平下显著，说明农户所在村组土壤肥力、排水能力、灌溉条件差别越小的农户，越愿意实施"一户一田"，这一估计结果验证了假设 H1 ~ 假设 H3 的正确性。当村组内土地禀赋存在上述 3 个方面的差异时，农户不会因分到土壤肥力、排水能力和灌溉条件差的地块而增加生产成本，因此更愿意实施"一户一田"。在土壤肥力方面，调研地区的不同地块单季粮食作物产量差别多达 7500 千克/公顷，若所在村组土壤肥力不同，很可能因分到地块较差的土地影响实施意愿。所调研区域低洼地较多，容易发生积水，进而弱化排水能力。雨季来临时，若排水不及时，玉米将会发生一定程度涝灾，因此其对实施意愿影响较为显著。调研区域个别地块地势较高，处于灌溉困难、"靠天吃饭"的状态。农户如果分到此类土地，也会对粮食产量产生影响，进而影响实施意愿。

（2）其他变量对农户"一户一田"实施意愿的影响

在回归（5）中，地块数量回归系数为 0. 031 ，在 5% 的置信水平下显著，说明农户地块数量越多，从事农业劳动时，在家和地块之间、不同地块之间交通时间也就越多，或挤占外出务工时间，进而更愿意实施"一户一田"。块均面积回归系数为 -0. 014 ，在 10% 的置信水平下显著，地块面积越小，越不利于机械化生产，越倾向于实施

"一户一田"。距家均距离回归系数为 0.038，在 5% 的置信水平下显著，说明农户地块距家均距离越近，越不愿意实施"一户一田"，因为他们担心土地被调整到远处影响耕种。

农户年龄回归系数为 0.003，在 5% 的置信水平下显著。农户年龄越大行动越不方便。若实施"一户一田"，农户在田间劳作时间会明显减少，劳动强度会显著降低，因此年龄越大越愿意实施。受教育年限对"一户一田"实施意愿影响不显著，可能是受教育年限不同的农户在其他条件相同情况下对实施"一户一田"分歧不大。家庭规模回归系数为 -0.021，在 5% 的置信水平下显著。农忙时节农业劳动力必须集中投入，家庭成员较少会导致劳动时间拉长以及强度增大，所以规模较小家庭希望通过地块合并降低劳动强度。非农收入占比的回归系数为 0.152，在 5% 的置信水平下显著，与前面理论分析相符。非农收入占比越高的农户越愿意把时间花费到非农劳动中去，因此他们更愿意实施"一户一田"，节约农业劳动时间，优化劳动力资源配置。是否信任干部的回归系数为 0.193，在 1% 的置信水平下显著。若农户相信干部在实施"一户一田"过程中会保持公平公正，则不会担心利益受到侵犯，进而更愿意实施"一户一田"。

4.4　"一户一田"实施农户满意度统计分析

4.4.1　数据来源

"一户一田"作为一种地方自发性的土地整合行为，实施村庄较少且分散在各处，农户满意度调查具有一定难度。在充分预调研基础上，调研团队在山东省出现"一户一田"实践探索的德州和济宁两市的 6 个县（市、区），寻找到实施"一户一田"的村组 24 个。对

246 户农户进行问卷调查，具体情况如表 4 - 6 所示。24 个村组按照"一户一田"的目标，村集体统一组织实施了"一户一田"，效果更加彻底，调查结果也更能反映农户对于"一户一田"的态度。

表 4 - 6　　　　　　　　　　样本分布情况

地级市	县（市或区）	村组数	样本数	比例（%）
济宁市	A 市	9	91	36.99
	B 市	3	37	15.04
	C 县	4	23	9.35
德州市	D 县	2	22	8.94
	E 区	4	56	22.76
	F 县	2	17	6.91
合计		24	246	100.00

农户"一户一田"满意度统计结果如表 4 - 7 所示。在 246 个样本中，有 178 个农户对村组实施的"一户一田"地块整合模式表示非常满意，62 个农户表示比较满意，3 个农户表示一般满意，分别占比 72.36%、25.20% 和 1.22%，农户总体满意度均值为 4.68，这说明绝大多数农户会从"一户一田"中受益。3 个农户表示不太满意和非常不满意，占比仅为 1.22%，再次验证了"一户一田"深入人心，能使农民获得较大福利。

表 4 - 7　　　　　　农户对"一户一田"满意度的分组统计

"一户一田"满意度	赋值	频数	频率（%）	均值
非常满意	5	178	72.36	
比较满意	4	62	25.20	
一般满意	3	3	1.22	4.68
不太满意	2	2	0.81	
非常不满意	1	1	0.41	

4.4.2 农户对"一户一田"满意的原因

农户对"一户一田"实施结果满意的原因如表 4-8 所示。

表 4-8 农户对"一户一田"满意的原因

满意原因	频数	频率（%）
减少耕种时间	235	95.53
有利于机械化	220	89.43
降低种植成本	163	66.26
利于土地流转	106	43.09
增加粮食产量	71	28.86
增加土地面积	37	15.04

一是减少耕种时间。235 个农户表示"一户一田"可以减少耕种时间，占比 95.53%。原因是实施"一户一田"后，农地耕种、灌溉、施肥、除草灭虫、收割等作业可一次性完成，农户排队等水、挪动灌溉设备、等待机械时间和不同地块之间交通时间可显著降低，省时省工。

二是有利于机械化。220 个农户表示"一户一田"有利于机械化，占比 89.43%。农业机械在细碎地块上作业时会移动困难、频繁转向。整合地块不仅有利于耕、种、防、收等农业生产环节大型机械化作业，还会促进社会化服务的采纳。

三是降低种植成本。163 个农户表示"一户一田"有利于降低生产成本，占比 66.26%。在人工成本方面，地块合并会减少耕种时间，进而减少雇工费用；在生产作业成本方面，农户采用高效率的大型机械使单位面积分摊的成本显著降低；在生产投资方面，灌溉用井、排灌沟渠及道路建设成本高，且总成本固定或呈阶梯式增加，地块面积越大，单位面积分摊的成本也就越少。

四是有利于土地流转。106 个农户表示"一户一田"有利于土地流转，占比 43.09%。地块整合后，土地流转方不必为了转入某一地块与众多农户协商，交易成本显著降低，成功流转概率显著提升。此外，部分村组在实施"一户一田"时会将土地分为流转片区（愿意流转农户的土地集中区）和耕种片区，并将流转片区统一集中流转，显著提高了流转效率。

五是增加粮食产量。71 个农户表示"一户一田"可以增加粮食产量，占比 28.86%。地块整合后，农户对于地块管理更加及时，如夏季干旱时所有地块都能得到及时浇灌，不会因农户排队等待机井灌溉而延误农时，粮食产量会显著提升。

六是增加土地面积。37 个农户表示"一户一田"可以增加土地面积，占比 15.04%，地块整合会消除地块间的垄沟和生产道路，从而增加村组农地面积。认为"一户一田"能增加土地面积的农户数量相对较少，说明并非所有村庄都可以达到此类目的，这与山东农村农地利用率较高有较大关系。

综上所述，"一户一田"具有减少耕种时间、促进农业机械化普及、降低种植成本、提升土地流转效率、增加粮食产量、避免土地资源浪费等多种效果，因此，农户对"一户一田"的满意度很高。

4.5 "一户一田"满意程度的影响因素分析

4.5.1 理论分析与研究假说

20 世纪 70 年代，著名经济学家赫希曼（1973）提出了"隧道效应"理论。两辆车在双车道隧道同一个方向行驶，且己方车辆因交通阻塞而停止时，若另一车道一直前行，但己方车辆没有移动迹象，我们就会变得特别沮丧和深感不公,并且我们对不公平的忍耐度会随另一车道车的加速而不断降低(周宗伟,2015)。中国农村经济社会发展时,"共同前进"也是农民的执着追求。中国近代农地制度调整优化过程中,无论是土地革命时期的"耕者有其田",抑或农业集体化时期的平均地权,还是家庭联产承包责任制下的"均包","共同前进"的公平基因得到了很好保留和传承。"一户一田"是通过村组土地调整将每户多块承包地整合为一块。作为一种化解农地细碎化的地块整合模式,若不能实现所有农户某种利益"共同前进"的帕累托改进,必然会影响条件未能充分改善农户对"一户一田"的满意度。

村组在实施"一户一田"时,大多数农户都会实现每家分 1 块整地,但也有少量农户会分到 2 块甚至更多的农地。主要原因是村组中某一大地块面积很难是户均面积的倍数,常见情况为村中农地被一条道路分为两半,路一侧地块面积分给 N 户有剩余,分给 N + 1 户不足,所以部分农户在道路两侧都有农地,此时家中地块数为 2,甚至有更多的土地。实施农户满意度的统计分析表明"一户一田"能够给农户带来很多生产性福利。当多块地农户看到 1 块地农户因为方便耕种而使生产效率显著提高、非农转移顺畅时,会因他人福利显著增加而自身利益增加有限时会产生不公平的情绪,进而降低对"一户一田"的满意度。而在实施"一户一田"过程中,地块整合更彻底的农户,更能够充分享受到土地整合带来的红利,因此满意度更高。

基于以上分析,本章提出研究假说:

H4:实施"一户一田"后地块数量越少的农户满意度越高。

4.5.2 变量选择与模型设定

(1)变量选择与说明

结合前面理论分析及现有文献,本章主要涉及被解释变量、解释变量和控制变量三大类变量。具体变量的选择和说明如下。

被解释变量:与农户访谈时,询问"您对村里实施'一户一田'是否满意",并加以解释"一户一田"是指村集体通过土地调整、土地互换等方式,将原来每户分散在多处、面积相对较小的承包地调整为一块大面积承包地的地块整合办法。随后按照"非常不满意 = 1;不太满意 = 2;一般 = 3;比较满意 = 4;非常满意 = 5"对农户"一户一田"满意度依次赋值1至5。

解释变量:地块数量是指农户所在村庄在实施"一户一田"后的该户地块数量。如果农户实施"一户一田"后地块数量为1块则为1,多块则为具体的地块数量。

控制变量:农地特征和家庭特征。在土地流转、土地整治、土地确权和土地征收满意度相关研究中,众多学者把土地数量、土地面积变化(马晓茗和张安录,2016;岳潞潞等,2018;马艳艳和林乐芬,2015;冯晓晓等2018)作为重要的解释变量,参考上述学者的研究,本部分选取地块数量、块均面积、距家均距离反映农地特征。地块数量越少,块均面积越大可能地块整合越彻底,给农户带来的影响也就越大,因此农户可能满意度更高。距家均距离越近,农户耕种越方便,满意度可能也就越高。在家庭特征方面,参考牛星等(2020)、冯晓晓等(2018)、江维国等(2020)、严立冬等(2013)的研究,把受访者年龄、受教育年限、非农收入比作为家庭特征变量进行控制。非农收入比例越高的农户更倾向于从事非农劳动,实施"一户一田"后可能满意度会更高。此外,本部分把家庭规模纳入模型,家庭规模越小,农户劳动力越紧张,可能更愿意进行地块整合,因此满意度更高。各变量的描述统计见表4-9所示。

表4-9 变量定义与说明

变量类型	变量名称	含义及赋值	均值	标准差
被解释变量	"一户一田"满意度	1 = 非常不满意,2 = 不太满意,3 = 一般,4 = 比较满意,5 = 非常满意	4.68	0.58

变量类型	变量名称	含义及赋值	均值	标准差
解释变量	地块数量	块	1.14	0.72
农地特征	块均面积	亩	4.47	2.55
	距家均距离	里	1.39	1.25
家庭特征	年龄	岁	59.91	9.32
	教育年限	年	6.69	3.54
	家庭规模	人	4.46	1.99
	非农收入比	%	0.74	0.28
地区特征	地区	1＝德州市农户；2＝济宁市农户	1.61	0.49

（2）模型设定

有序 Logistic 回归模型是较为常用的非线性分类的分析方法，它不要求自变量与因变量之间必须具有线性相关关系，也不要求变量服从协方差矩阵相等和残差服从正态分布；同时因为它可以有效地利用因变量的排序信息，不会把排序中的差距误差判为纯数值差异，所以它比一般的线性回归模型和二元选择模型的估计结果更为准确可靠。表达式为：

$$\ln\left(\frac{p(y \leq j)}{1 - p(y \leq j)}\right) = a_j + \sum_{i=1}^{k} \beta_{ij} x_{ij} \qquad (4-3)$$

其中，y 是农户对"一户一田"的满意度评价，j 是因变量 y 的分类，用 1 至 5 表示五种满意度程度；x 影响农户对"一户一田"满意度评价的因素，k 表示自变量 x 的个数；α_j 是截距参数，β_{ij} 是回归变量 y 在各级别 j 下的累积概率；$\ln$ 为自然对数符号。

4.5.3 实证结果与分析

本章采用 Stata15.0 统计软件检验地块数量对农户"一户一田"满意度的影响。在回归分析之前，本部分首先对模型中的自变量进行多重共线性检验以确保回归结果的准确性和有效性。检验结果表明方差膨胀因子（VIF）均小于2，即结果远小于10，基本可以判断各自变量之间不存在明显的共线性问题，可进一步对结果进行估计。为得到稳健结果，共建立4个模型，模型的解释变量均为农户对"一户一田"的满意度，回归（1）仅加入地块数量变量，回归（2）~回归（4）依次加入农地特征、家庭特征和地区特征变量，回归结果见表4-10。

表4-10　　　　"一户一田"满意度影响因素回归结果

变量	（1）	（2）	（3）	（4）
地块数量	-0.045*** (0.014)	-0.038*** (0.016)	-0.039** (0.017)	-0.043** (0.017)
块均面积		0.018 (0.014)	0.019 (0.016)	0.015 (0.016)
距家均距离		-0.005 (0.024)	-0.007 (0.024)	-0.005 (0.023)
年龄			0.001 (0.003)	0.001 (0.003)
受教育年限			0.006 (0.008)	0.007 (0.008)
家庭规模			-0.003 (0.020)	0.002 (0.022)
非农收入比			0.054 (0.110)	0.051 (0.109)
地区				控制
样本量	468	468	468	468

注：*、**、***分别表示在10%、5%、1%的置信水平下显著。回归系数为边际效应，括号内为稳健性标准误。

无论是回归（1）单独研究地块数量对农户"一户一田"满意度的影响，还是加入农地特征、家庭特征和地区特征变量后回归，地块数量对于"一户一田"的回归系数和显著性都比较稳定，模型估计比较稳健。在回归（4）中地块数量的回归系数为 -0.043，在 5% 的置信水平下显著，表明如果农户地块数量越少，农户"一户一田"的满意度越高，假设 H1 得到检验。这说明农户对于地块整合有着强烈的意愿，"一户一田"进行得越彻底，农户的满意度也就会越高。有意思的是其他变量对于"一户一田"满意度均无显著影响。表 4-4 满意度统计显示，农户对于"一户一田"的满意度普遍较高。实施完"一户一田"后，无论农户分到土地的地块面积、距家均距离如何，相较之前已经得到了很好的改进，因此满意度无明显差别。同样，不同家庭特征的农户，当均对"一户一田"实施效果满意度时，也就不会表现出显著差异。

4.6 本 章 小 结

本章基于山东省 468 个未实施"一户一田"农户和 246 个已经实施"一户一田"微观调研数据进行研究。首先，分析未实施农户"一户一田"实施意愿。其次，建立二元 Logistic 模型研究土地禀赋差异等因素对未实施农户"一户一田"实施意愿的影响。再次，分析已实施农户"一户一田"满意度。最后，分析地块数量对已实施农户"一户一田"满意度的影响。最终得出以下研究结论：

第一，农户"一户一田"实施意愿强烈。实施意愿均值达到 0.83，388 个农户表示愿意实施"一户一田"，占比 82.91%。农户选择愿意实施"一户一田"的原因包括有利于减少耕种时间、机械化种植、降低种植成本、土地流转、增加粮食产量和增加土地面积。

第二，村组内土地禀赋差异对农户"一户一田"实施意愿具有负向影响。村组内土壤肥力、排水能力、灌溉条件存在差异村组的农户"一户一田"实施意愿相对更低。主要原因是这些村组的农户担心分到土地禀赋较差的土地，进而增加种植成本。

第三，家庭特征和地块特征对农户"一户一田"实施意愿具有显著影响。地块数量、距家均距离、年龄、非农收入占比、是否信任干部对"一户一田"实施意愿有正向影响，块均面积、家庭规模对"一户一田"实施意愿有负向影响。

第四，农户"一户一田"满意度较高。大多数农户对"一户一田"持"非常满意"或"比较满意"态度，满意度评价平均得分为4.68，介于"比较满意"和"非常满意"之间，处于很高水平。农户对"一户一田"满意的原因包括有利于减少耕种时间、机械化种植、降低种植成本、土地流转、增加粮食产量和增加土地面积。

第五，地块数量对农户"一户一田"满意度具有显著的负向影响。实施"一户一田"后，农户地块数量越多，对"一户一田"的满意度越低。其他因素对其满意度无显著影响。

基于以上结论，提出四个方面政策建议：

第一，尊重民意，允许基层探索实践。四十多年前，安徽凤阳小岗村18位村民以"血书托孤"的形式开启了家庭联产承包责任制的探索。虽然目前国家尚未通过政策法规的形式鼓励实施"一户一田"，但是未实施农户对其实施意愿很强，已实施农户对其满意度很高。因此不妨给予农户更多自主权，允许在农户实施意愿强烈的村组通过土地调整实现"一户一田"，改善农村土地细碎格局，进一步释放土地制度改革红利（张成鹏等，2021）。

第二，加强投入，改善农业生产条件。实证结果表明，农户所在村组内土壤肥力、排水能力、灌溉条件对"一户一田"实施意愿有较大影响。若地方政府有意向推动地块整合，化解农地细碎化问题，应先着力消除土壤肥力、排水能力、灌溉条件的差异，通过高标准农田改造等项目改善农业生产条件，消除村组内土地禀赋差异，进而增强农户"一户一田"实施意愿。

第三，因地制宜，妥善推进"一户一田"。本章对象为山东省鲁西平原农户，以山区丘陵为主的地区是否可以实施"一户一田"还需进一步讨论。此外,农户地块数量、距家均距离、块均面积、年龄、非农收入、家庭规模、是否信任干部都是影响农户"一户一田"实施意愿的因素,因此地方政府不宜"一刀切"推进地块整合,需要深入了解当地农民"一户一田"实施意愿,在不同地区和不同特征村组中因地制宜、妥善实施。此外,"一户一田"实施后的地块数量会显著影响其满意度,因此尽可能地实现地块整合的彻底性,最大限度地实现"一户一田"。

第 5 章 "一户一田"对粮食生产成本的影响

本章主要基于山东省 2 地市 6 县（市、区）506 个农户的调查数据，利用半对数模型研究"一户一田"对粮食生产成本的影响。结构安排如下：第一部分，引言，表明研究"一户一田"对生产成本影响的意义。第二部分，理论分析与研究假设，从要素转移成本不可分性、生产作业成本不可分性和生产设施投资不可分性三个方面分析"一户一田"对生产成本的影响机理，并提出研究假说。第三部分，变量选择与模型设置。第四部分，实证结果与分析，基准回归分步进行，异质性分析主要考察不同作物、不同地区和不同成本的影响差异，内生性讨论使用村组干部上任时的支持率作为工具变量，稳健性检验通过子样本回归和替换核心解释变量进行。第五部分，本章小结。

5.1 引　　言

近年来中国粮食生产成本增加，农民收益减少，粮食产业国际竞争力下降，农民种粮积极性减弱，出现粮食生产量、进口量和库存量"三量齐增"的局面。为增强农民种粮积极性、保障粮食安全，发展土地适度规模经营进而降低粮食生产成本就成为理论界和政策界的基本共识（倪国华和蔡昉，2015；李文明等，2015；何秀荣，2016；唐轲等，2017）。

"一户一田"作为一种化解农地细碎化，增加地块规模的地块整合模式，对粮食生产成本会产生一定影响。现有研究表明安徽省怀远县实施"一户一田"后，年度生产成本每公顷降低 750 元以上，户均节省成本 1000 多元（邱书钦，2017）。河南省民权县实施"一户一田"后，生产成本每年每公顷节约 1500 元，李楼村仅小麦收割一项，全村节约 1.5 万元。湖北省沙洋县实施"一户一田"后，61 个水稻种植户机收费用同比下降约 18.60 元/公顷（席莹和吴春梅，2018）。新疆维吾尔自治区沙湾县土地整合后每公顷节约劳力 5.4 个，节约质保劳力 4.5 个（丁肇辉，2009）。

　　现有研究表明"一户一田"可以降低粮食生产成本，但经营规模、地块规模、农地细碎化对生产成本的影响并不一致。在经营规模方面，许庆等（2011）、李文明等（2015）、唐轲等（2017）研究表明经营规模对粮食生产成本具有负向影响，张晓恒和周应恒（2019）发现单位产品生产成本随经营规模呈现先下降后上升的态势。郭阳等（2019）研究表明水稻和玉米的单位产品成本与地块面积之间呈倒"U"形关系。在地块规模方面，顾天竹等（2017）研究了小麦、玉米和水稻三种作物后发现，水稻单位产品生产成本随地块规模的扩大而递减，而小麦和玉米单位生产成本与地块规模呈正"U"形关系。郭阳等（2019）研究发现转入地块与原地块位置相连对水稻单位产品机械成本、劳动投入量、剔除租金的成本具有显著负向影响。吕挺等（2014）也获得地块层面的规模经济明显存在的结论。在农地细碎化方面，卢华和胡浩（2015）、王嫚嫚等（2017）等学者均用辛普森指数表示农地细碎化程度，辛普森系数越高，即农地细碎化越严重，农业生产成本就越大。杨慧莲等（2019）发现"规模大户"单位产量总成本随着地块数量的增加而上升。

　　上述研究结论为后续研究奠定了良好基础，但依旧存在较大扩展空间。第一，"一户一田"的降本效果尚未进行数据检验。目前关于"一户一田"对于生产成本的研究均为局部地区的案例分析，不排除这些地区本身就具有优质的土地资源禀赋，"一户一田"对于生产成本的影响还需要进一步进行多村组数据的实证检验。第二，规模经济对于粮食生产的影响尚未形成统一结论。不同种植规模、不同作物对于生产成本影响存在较大的差异。第三，生产成本可分为人工成本、机械成本、农资成本和土地成本等，不同成本受规模经济影响表现出不同效果。因此，进行"一户一田"对生产成本的相关研究具有重要意义。"一户一田"能否降低山东省粮食单位产量总成本？主要影响哪些分项成本？会引致多大程度的影响？不同地区对农户的影响是否存在差异？不同作物的影响是否存在差异？这些问题均有待进一步实证检验。基于此，本章在借鉴已有研究的基础上，利用山东省 2 个地级市 6 个县（市、区）48 个村（组）共 506 个农户的一手调研数据，实证分析"一户一田"对粮食单位产量总成本和各分项成本的影响，研究"一户一田"对不同作物的影响差别，探讨不同地区农户影响的异质性，进而为促进我国粮食生产节本增效、进一步释放土地制度改革红利提供决策参考。

5.2　理论分析与研究假说

根据《新帕尔格雷夫经济学大辞典》（约翰·伊特韦尔，1996）中的定义，考虑在既定的（不变的）技术条件下，若在某一规模区间下单位产品成本递减（或递增），该区间则存在规模经济（或规模不经济）。当规模很小时，农户扩大经营规模或地块规模能够获得规模经济的好处；而当规模扩大到一定程度后，农业生产可能会进入规模不经济阶段。

实施"一户一田"是将农户细碎地块进行整合，虽未扩大农户地块总规模，但增加了单一地块的面积，有可能在地块层面形成规模经济。顾天竹等（2017）认为地块层面形成规模经济主要是由于特定要素投入的不可分性。

一是要素转移成本的不可分性。在劳动投入方面，若地块过于细碎，农户需在家和地块之间、不同地块之间往返奔波，大量时间会消耗在移动过程中，导致人工成本处于高位。在机械移动方面，其燃油费用与地块间移动距离成正比。若地块过于分散，在农业生产中将有大量燃油费用消耗在移动途中，单位面积所分摊的机械费用较多。实施"一户一田"后，农机移动距离会显著减少，进而影响单位产量机械成本。种子、化肥、农药等生产资料运输成本也与之相似。

二是生产作业成本的不可分性。农机在田间劳作时，机械作业宽幅和调转方向所消耗的时间和燃料是固定的。若地块过于零碎，农机会在劳作时表现出频繁转向、移动困难的特征（丁启朔等，2013），降低机械使用效率，增加人力和燃料成本。实施"一户一田"后，农户可采纳高效率的大型机械进行劳作，机械调转成本也会明显减少，单位面积分摊的作业成本便会降低（吕挺等，2014）。但随着社会化服务组织的发展，农机利用方面的规模经济可能逐步被转移到农户外部而非农户层面的内在经济。当同一村（组）土地或同一大片土地由一位农机手负责统一作业时，虽然农户地块细碎分散但若它们属同一大片地块，就不会造成机械效率的降低。此时，实施"一户一田"可能对于机械成本影响较小。

三是生产设施投资的不可分性。细碎地块上投资难度大、成本高，农户投资生产设施意愿较低（蔡荣，2015）。灌溉用井、排灌沟渠及机耕道路等生产设施建设起步成本高，总成本固定或呈阶梯式增加，分摊固定成本地块面积越大，单位面积和单位产量粮食分摊成本就越少。例如，在灌溉条件较差地区的农户有修建机井等设施需求，但若地块分散到不同位置，农户则需修建多口机井方能达到方便灌溉目的，修建成本高且外部性强。实施"一户一田"后，农户只需修建一口机井便可满足灌溉需求，生产设施投资意愿便可能增强，进而降低灌溉等环节生产成本。据此，本章提出假设：

H1：在其他条件相同的情况下，实施"一户一田"会降低粮食生产成本。

"一户一田"对生产成本的影响可能因成本类型和不同地区特征表现出一定差异。一是成本类型差异。"一户一田"可以明显减少农户在不同地块、地块和家之间的奔波时间。因此对人工成本作用可能更加明显。"一户一田"对于机械成本的影响可能随地区不同存在差异。若社会化服务组织对某一片区作物进行统一技术指导、收割、依次作业，就可以避免机械在不同田块间移动的效率损失。此时实施"一户一田"效果可能相对有限。但是"一户一田"对土地成本的影响还需进一步实证研究。二是不同地区差异。其一，不同地区既有地块规模不同。若地区地块较小，规模经济效果会更为明显，但若调研地区地块面积已经较大，规模经济就会减弱甚至出现规模不经济。例如，东北三省每户虽也有多块土地，但面积都较大，整合一起未必能形成明显的规模经济。其二，不同地区要素价格不同。不同地区生产要素价格特别是人工成本价格是影响要素选择的重要因素，不同调研地区要素价格不同就会导致规模经济效果不同。其三，可供选择技术不同。若调研地区生产技术较为先进，可以改进与地块匹配的生产技术和机械，地块规模经济效应就会更加明显（见图5-1）。若调研地区使用的农机设备更加适合小地块，那么地块规模经营特征就会不明显。

H2a："一户一田"对不同生产成本的影响可能存在差异。

H2b："一户一田"对不同地区成本的影响可能存在差异。

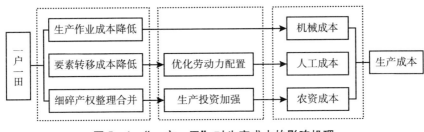

图5-1 "一户一田"对生产成本的影响机理

5.3 变量选择与模型设定

5.3.1 变量选择与说明

结合前面理论分析及现有文献,本章主要涉及被解释变量、解释变量和控制变量三大类。具体变量选择和说明如下:

(1)被解释变量

单位产量粮食生产成本。参考许庆等(2011)、王嫚嫚等(2017)的研究,用五项成本指标表示粮食生产成本,包括 TC_i(生产总成本)、LC_i(人工成本,包括雇工费和家庭用工折算成本)、LDC_i(土地成本,包括流转土地和家庭自有土地折算成本)、MC_i(机械成本,包含机械折旧、燃油费和机械服务费等)、AMC_i(农资成本,包括化肥、农药、种子等农资成本),单位均为元/千克。

(2)解释变量

实施"一户一田"。若村组集体通过土地统一调整实施地块整合,每家只分一整块土地,则实施"一户一田"。因担心农户对"一户一田"变量把握不准,故此变量由村级问卷获取,对农户不再询问此问题。

(3)控制变量

控制变量包括家庭特征、农地特征和地区特征三大类,具体说明见表 5 - 1。

表 5 - 1   变量定义与说明

类别	变量	变量定义
被解释变量	总成本	每单位产量总成本(元/千克),取对数
	人工成本	每单位产量人工成本(元/千克),取对数

续表

类别	变量	变量定义
被解释变量	土地成本	每单位产量土地成本（元/千克），取对数
	机械成本	每单位产量机械成本（元/千克），取对数
	农资成本	每单位产量农资成本（元/千克），取对数
解释变量	实施"一户一田"	1＝实施，0＝未实施
家庭特征	年龄	受访者年龄（岁）
	受教育年限	受访者受教育年限（年）
	生产经营培训	受访者是否接受过生产经营培训：1＝是，0＝否
	农业劳动力人数	家中从事农业劳动的人数（人）
农地特征	种植面积	粮食种植面积（公顷），取对数
	土地质量	1＝贫瘠；2＝中等偏下；3＝中等；4＝中等偏上；5＝肥沃
地区特征	地区	县级虚拟变量

第一，受访者家庭特征。参考卢华和胡浩（2015）的研究，将受访者年龄、受教育程度纳入模型。受访者通常是每户日常留守在村庄的农业生产经营决策人，其年龄与农业生产技能息息相关，进而影响粮食生产成本。受访者受教育年限越长，越有可能学习并采用更加精进的种植技术，进而降低粮食生产成本。参考刘强等（2017）的研究将生产经营培训状况和农业劳动力人数纳入模型。生产经营培训对于生产成本具有重要意义。经历过生产经营培训的农户可能更具有节本技术，并将学到的生产经营技术运用到生产过程中，进而降低生产成本。

第二，受访者农地特征。参考许庆等（2011）、卢华和胡浩（2015）的研究，将种植面积放入模型。种植面积是影响生产成本的重要因素。种植面积越大，越可能产生规模效应，进而降低生产成本。参考顾天竹等（2017）的研究将土地质量作为农地特征纳入模型。土地质量可以直接影响粮食产量，土地质量越高，达到同样产量所需的肥料和水分也就越少,农户在粮食生产中会减少水电消耗以及肥料的使用,因此生产成本越低。

第三,受访者地区特征。不同地区的气候条件、种植习惯、物价水平等不可观测的因素也可能会在一定程度上影响农户粮食生产成本(卢华和胡浩,2015),因此将地区特征纳入回归模型,尽可能控制不易观测的因素,以避免遗漏变量造成的偏误。

5.3.2 模型设置

许庆(2011)利用 R^2 和 F 值,通过对比分析,得出半对数模型是较线性模型和双对数模型更适宜进行粮食成本分析的模型。本章借鉴李文明(2015)、王嫚嫚等(2017)的研究,模型设置如下:

$$\ln C_i = \alpha_0 + \alpha_1 Age_i + \alpha_2 Age_i^2 + \alpha_3 Edu_i + \alpha_4 Treat_i + \alpha_5 Fnum$$
$$+ \alpha_6 LnLand_i + \alpha_7 Lq + \gamma_1 City + \mu_i \qquad (5-1)$$

其中,$\ln C_i$ 分别表示第 i 个农户粮食生产成本的对数。根据《全国农产品成本收益资料汇编》附录一主要指标解释,家庭用工折价反映的是家庭劳动用工投入生产的机会成本,家庭用工折算成本 = 家庭用工量×劳动日工价(中华人民共和国国家发展和改革委员会价格司,2005)。本章利用农产品成本核算法,某年农业劳动日工价 = 本地上年农村居民人均纯收入×(本地上年乡村人口数/本地上年乡村从业人员数)/全年劳动天数(365 天)。由于本地乡村从业人员数省市层面不再公布,本章用全国范围乡村人口数和乡村从业人员数比进行替代。结合德州市和济宁市人均纯收入值,计算的山东省济宁、德州两市农业劳动日工价分别为 26.65 元、24.17 元,并将两个数值用于人工成本的计算。

农户经营不同类型粮食作物时生产成本投入可能存在较大差异,因此本章在实证部分分别就"一户一田"对小麦和玉米两种作物生产成本的影响进行实证研究。为尽可能避免异方差问题并增加数据可比性，对所有成本变量和种植面积变量进行取对数处理。

5.4 实证结果与分析

5.4.1 数据来源与描述性统计

（1）数据来源

调研团队在山东省出现"一户一田"实践探索的德州和济宁两市的6个县（市、区），寻找到实施"一户一田"的村组24个。在实施"一户一田"村组附近选择与其实施组毗邻，土地质量、气候条件等条件基本相同的未实施"一户一田"的村组24个。随后每个村组随机抽样5~15个农户。问卷数据收集工作于2020年8月至10月完成，得到有效问卷506份。506个农户的第一季作物为小麦，第二季种植的作物有所不同，其中496个农户种植玉米。因此小麦相关回归样本总数为506个，玉米相关回归样本总数为496个。

（2）描述性统计

表5-2是对种植户基本情况的描述性统计。506个受访者平均年龄约为60岁，最大值为81岁，最小值为34岁，可见农村老龄化现象明显，大多年轻人外出打工，在家留守人员以老人为主，老人也就自然成为农业生产的主力军，而这有可能抑制农业新型技术采纳和农业生产效率的提升。农户经历过生产经营培训的平均值约为0.25，说明接受技能培训的农户数量整体较少，目前农业部门日益加强对于农民技能培训的重视程度，不断通过科技下乡、科技特派员等方式开展技能培训，但还有较大的提升空间，可以进一步创新培训形式和方式，促进农户种植技术的提升，从而达到节本增效的目的。样本户种植面积均值为0.8公顷，最小值为0.02公顷，最大值为60公顷，农

户种植面积分布范围较大，说明我国农业生产处于大小农户兼容的形态而且整体经营规模较小，可以进一步通过土地流转等方式促进农业规模经营，进而达到释放农业劳动力的目的。农业劳动人数均值约为1.78 人，农村每户大多为 3~5 人，说明有些劳动力未进行农业劳动，非农就业可能较为普遍。土地质量的均值约为 3.61，即区域内农户土地质量相对较高，这符合德州和济宁两市位于平原地区、土地禀赋优质的实际情况，以及近些年政府实施的高标准农田改造等土地项目和农户加强个人投资的现实。

表 5 – 2　　　　　　　　　　变量描述性统计

变量	样本量（个）	平均值	标准差	最小值	最大值
年龄	506	59.93	8.91	34	81
受教育年限	506	6.41	3.59	0	16
生产经营培训	506	0.25	0.43	0	1
农业劳动人数	506	1.78	0.76	0	7
种植面积	506	0.80	3.06	0.02	60
土地质量	506	3.61	0.92	1	5
小麦总成本	506	1.58	0.47	0.79	3.79
小麦人工成本	506	0.09	0.07	0.01	0.68
小麦土地成本	506	0.56	0.30	0.15	2
小麦机械成本	506	0.31	0.12	0	1.12
小麦农资成本	506	0.62	0.25	0.12	2.53
玉米总成本	496	2.05	0.84	0.70	7.83
玉米人工成本	496	0.64	0.54	0.02	4.27
玉米土地成本	496	0.54	0.28	0.15	1.71
玉米机械成本	496	0.25	0.11	0	1
玉米农资成本	496	0.61	0.28	0.18	1.88

由统计分析可知，小麦总成本的均值约为 1.58 元/千克，小于样

本户小麦销售价格，因此对于农户整体而言，种植小麦有利可图，小麦也自然成为山东省内种植规模最多的作物。玉米总成本的均值约为2.05元/千克，与《中国农村统计年鉴2020》中的数据2.04元/千克相差不大。但明显高于样本户的玉米平均销售价格1.86元/千克，由此，每千克玉米亏损约0.19元。由于此成本是将农户自有土地和人工全部折算在内，可近似代表租用土地和雇佣农户经营的种粮大户经营成本。高企的生产经营成本是造成部分种粮大户前些年退耕弃租的重要原因，在一定程度上制约了农业生产经营规模。对于自给自足的小农户而言，大多仅需承担机械成本和农资成本，两项均值加总约为0.86元/千克，即可获得约一半的经济收益，与农户常言的"种小麦玉米，2季能赚1季"相符。但是整体而言，玉米种植收益是要小于小麦作物的，这也是所调研地区基本上每家每户都种植小麦，但不一定种植玉米的原因之一。

对于小麦和玉米两种作物，无论是总成本还是各分项成本，他们极差很大，说明不同农户单位产量成本间存在差异，部分高成本农户可能还有成本降低空间。若能有效降低高成本农户的生产成本，将会为他们带来更好的农业收益，提高农户种粮积极性。

（3）粮食生产成本的对比分析

表5-3反映了是否实施"一户一田"两类农户的单位产量总成本和各分项成本的差异。未实施"一户一田"农户的小麦总成本均值约为1.61元/千克，实施农户的总成本均值为1.54元/千克，通过了均值相等的t检验，说明两类农户总成本存在显著差异。同时，未实施"一户一田"农户的小麦人工成本约为0.10元/千克，高于实施组均值，对两类样本人工成本均值做t检验，结果表明人工成本存在显著差异。未实施"一户一田"农户的机械成本、农资成本和土地成本均大于实施农户的均值，但未通过均值相等的t检验，这可能是因为没有控制其他因素，下面将进一步进行回归分析。同样，实施"一户一田"后，玉米生产的总成本、人工成本显著大于未实施组，

但是机械成本、农资成本和土地成本无显著差异。

表 5 – 3   生产成本的比较分析

	变量	未实施"一户一田"农户		实施"一户一田"农户		均值相等 t 检验显著性
		均值	标准差	均值	标准差	
小麦	总成本（元/千克）	1.61	0.49	1.54	0.44	0.04
	人工成本（元/千克）	0.10	0.07	0.08	0.06	0.00
	机械成本（元/千克）	0.32	0.12	0.31	0.12	0.24
	农资成本（元/千克）	0.63	0.24	0.61	0.27	0.26
	土地成本（元/千克）	0.57	0.31	0.54	0.28	0.09
玉米	总成本（元/千克）	2.11	0.89	1.99	0.79	0.06
	人工成本（元/千克）	0.68	0.58	0.61	0.48	0.06
	机械成本（元/千克）	0.25	0.10	0.24	0.11	0.24
	农资成本（元/千克）	0.62	0.27	0.61	0.28	0.31
	土地成本（元/千克）	0.56	0.29	0.53	0.27	0.17

5.4.2   基准回归结果

本章对 506 个农户小麦生产数据和 496 个农户玉米生产数据进行多元回归分析[①]。为建立更稳健的模型，本章试图在增减控制变量基础上关注"一户一田"对粮食生产成本影响的显著性。此外，为避免异方差造成的估计结果偏误，模型进行稳健标准误处理。基准回归结果如表 5 – 4 所示，回归（1）和回归（2）为小麦仅加入核心解释变量和加入控制变量后的回归结果。回归（3）和回归（4）为玉米仅加入核心解释变量和加入控制变量后的回归结果。具体来讲，实施"一户一田"对于小麦和玉米单位产量总成本具有稳定的负向影响。

---

①   个别农户种植一季小麦，第二季种植不种植玉米，而是选择种植大豆等作物。

如回归（2）和回归（4）所示，在其他条件不变的情况下，实施"一户一田"会使小麦和玉米单位产量总成本分别下降 5.8% 和 6.6% ，与假设相符。这个结果与坦等（Tan et al. , 2008）、吕挺等（2014）、拉蒂夫等（Latruffe et al. , 2014）、王嫚嫚（2017）的研究结论相似。说明细碎化程度越小，粮食种植成本越低。但究竟为何会降低单位产量生产总成本以及对分项成本影响有何不同，将在异质性分析中详细讨论。

表 5 – 4　　　"一户一田"对粮食生产成本的基准回归结果

变量	小麦		玉米	
	（1）	（2）	（3）	（4）
实施"一户一田"	− 0.044 * (0.024)	− 0.058 *** (0.021)	− 0.055 * (0.033)	− 0.066 ** (0.028)
年龄		− 0.023 * (0.012)		− 0.026 * (0.015)
年龄的平方		0.000 ** (0.000)		0.000 * (0.000)
受教育年限		0.003 (0.003)		− 0.005 (0.004)
生产经营培训		− 0.095 *** (0.024)		− 0.125 *** (0.031)
农业劳动人数		0.003 (0.014)		0.034 * (0.020)
种植面积（取对数）		− 0.021 ** (0.011)		− 0.066 *** (0.016)
土地质量		− 0.045 *** (0.012)		− 0.066 *** (0.016)
地区变量		已控制		已控制
截距项	0.440 *** (0.017)	1.343 *** (0.358)	0.673 *** (0.023)	1.737 *** (0.472)
样本量	506	506	496	496
R^2	0.007	0.314	0.006	0.337

注：* 、** 、*** 分别表示在 10% 、5% 、1% 的置信水平下显著；表中数值为回归系数和稳健性标准误（括号内）。

由回归（2）可知，受访者年龄对单位产量总成本影响在 10% 置信水平下通过显著性检验，且呈 "U" 形特征，58 岁为拐点年龄①。当受访者小于 58 岁时，随着年龄增长，农业生产技术亦不断提升，所以单位产量生产成本不断降低；当受访者年龄超过 58 岁后，学习能力逐步下降，很难采用最新节本技术，所以单位产量成本呈现上升态势。受教育年限对于单位产量总成本无显著影响，主要是由于学校教授多为文化课知识，而非农业生产技能，农户生产技能提升主要还是靠农业技术培训和后期生产实践形成。接受过生产经营培训的农户比未接受农户单位产量总成本低 9.5%，且在 1% 的置信水平下通过显著性检验。接受过培训的小麦种植户会有更精进的种植技术，进而降低种植环节中人工成本。此外，经过培训的农户将更愿意在保障产量情况下降低农药化肥使用量，进而降低生产成本。家庭农业劳动力数量对生产成本无显著影响，可能原因是随着农业机械推广运用，机械逐步实现了对人工替代，劳动力数量对农业生产难再起到决定性作用。家庭人数少的农户可以通过增加工作时间或者雇工方式实现弥补，且在成本核算过程中已将自用工和雇工均按市场价进行折算，因而对成本影响不大。小麦种植户经营面积对单位产量总成本的负向影响在 5% 的置信水平下通过显著性检验。结果表明随着经营规模的扩大，单位产量总成本不断减少，其原因是所调研地区户均土地面积较少，土地处于边际报酬递增范围内，增加土地规模会降低生产成本。土地质量对单位产量总成本的负向影响在 1% 的置信水平下通过显著性检验，说明土地质量越高单位产量总成本越低，这与农村实际相符。例如，土地肥力高的地块，农户施用化肥数量就会明显减少；土质好不漏水的地块，农户灌溉所花费的人力和水电成本也会明显降低；土地疏松的地块，也会减少机械的耕作成本和费用。

玉米生产结果由回归（4）所知。影响玉米生产成本的因素与小

---

① 在回归（2）中，年龄和年龄平方的回归系数分别为 −0.023 和 0.000197，因此计算可得年龄拐点为 58 岁。

麦相同。年龄对生产成本的影响亦呈现"U"形特征且在10%的置信水平下显著。60岁为年龄拐点①,当农户小于60岁时,随着年龄增长,农业生产技术不断提升,玉米生产成本不断降低;当农户年龄超过60岁后,学习能力逐步下降,很难采用新型种植技术,生产成本便呈上升态势。这一年龄与小麦回归结果基本一致。农户是否受过生产经营培训对于生产成本具有显著影响,而受教育年限却影响不大,再次说明若想降低粮食生产成本,进行农业经营培训至关重要。要通过科技特派员制度、农业示范户制度加强对于农业种植技术的宣传力度,通过农业技术的推广,促进玉米生产成本的降低。种植面积对于玉米生产成本也具有显著的负向影响,玉米种植面积越大,其种植成本也就越低。因此无论是对于小麦还是玉米来说,在山东地区,扩大经营规模可以有效实现规模经济,实现生产成本的降低。土地质量对于玉米也具有显著的负向影响,这说明如果想降低生产成本,进行高标准农田建设,修建灌溉设施具有十分重要的意义。

5.5 异质性分析、内生性讨论和稳健性检验

5.5.1 异质性分析

(1)"一户一田"对不同生产成本的影响分析

本部分将粮食单位产量总成本划分为人工成本、土地成本、机械成本和农资成本(包括化肥、农药和种子等农资成本),以进一步考察"一户一田"对不同类型生产成本的影响差异。

表5-5中回归(1)至回归(4)分别为"一户一田"对小麦人

---

① 在回归(4)中,年龄和年龄平方的回归系数分别为 −0.029 和 0.000243,因此计算可得年龄拐点为60岁。

工成本、土地成本、机械成本和农资成本影响的实证结果。结果显示，"一户一田"对小麦人工成本影响为负，且在 1% 的置信水平下通过检验。即实施"一户一田"的村组农户单位产量人工成本比未实施村组农户低 21.7%。原因是实施"一户一田"后，农户不必在不同地块之间奔波，从事农业劳动的时间会显著降低，因此单位产量分摊的人工成本亦会降低。"一户一田"对小麦机械成本影响为负，且在 5% 的置信水平下通过检验。即实施"一户一田"村组农户单位产量机械成本比未实施村组单位产量机械成本低 7.4%。所调研的农户中，相当比例成员自购机械，没有因社会化服务普及而实现多农户农地的统一耕作，很多农户还会驾驶机械在不同地块之间"跨越式"劳作，因此农地细碎化程度对于机械成本影响较大。实施"一户一田"后，农户地块显著减少，机械在不同地块间移动距离显著减少，其燃油消耗也会明显减少，进而降低小麦生产过程中的机械成本，这与王嫚嫚等（2017）研究结果一致。需要注意的是，人工成本和机械成本的降低不会因为农户行为习惯而存在滞后性。只要细碎的地块能够整合，必然会在农业生产过程中减少人工成本和机械成本的使用。

表 5 – 5　　"一户一田"对小麦不同分项成本影响的回归结果

变量	（1）	（2）	（3）	（4）
	人工成本	机械成本	农资成本	土地成本
实施"一户一田"	− 0. 217 *** （0. 049）	− 0. 074 ** （0. 031）	− 0. 049 （0. 030）	− 0. 031 （0. 040）
其他控制变量	已控制	已控制	已控制	已控制
截距项	− 2. 057 ** （0. 902）	− 0. 832 （0. 638）	0. 473 （0. 578）	0. 124 （0. 694）
样本量	506	506	506	506
R^2	0. 292	0. 258	0. 151	0. 363

　　注：* 、** 、*** 分别表示在 10% 、5% 、1% 的置信水平下显著；表中数值为回归系数和稳健性标准误（括号内）。

"一户一田"对于小麦的土地成本无显著影响。本章已将农户自有土地和租入土地均按照市场价格进行折算，"一户一田"使小麦产量和生产条件发生变化的同时，也会使土地租金发生相关变化，即实施"一户一田"村组农户土地租金高于未实施"一户一田"村组农户。采用"单位产量土地成本＝（自有土地和租赁土地价格折算）/土地产量"的测算方法，当"一户一田"对于小麦产量的影响已同步反映到土地折算后的价格上时，单位产量土地成本便不会有明显变化。

农资成本方面的结论与已有类似研究存在一定差异（杨慧莲等，2019）。主要是因为农户要素投入匹配优化存在一定滞后性。相当比例调研村组"一户一田"实施时间为 2018 年以后。农户地块整合后，农户大多依旧按照地块整合前的习惯购买和使用化肥、种子、农药等生产资料，故尚未出现明显减少。但随着时间推移以及加强农业技术培训等契机出现，当农户发现减少农资使用也可获取相同产量时，便很有可能逐步减少农资使用量、优化原有种植投入，实现农资成本的逐步降低。因此，小麦农资成本的降低可能需要假以时日。

表 5-6 中回归（1）至回归（4）分别为"一户一田"对玉米人工成本、机械成本、农资成本和土地成本影响的实证结果。"一户一田"对玉米人工成本影响为负，且在 1% 的置信水平下通过检验。即实施"一户一田"的村组农户单位产量人工成本比未实施村组农户低 16.0% 。实施"一户一田"后，玉米和小麦的人工成本均显著减小，但是玉米的人工成本变化较少。由表 5-3 可知，无论是否实施"一户一田"，玉米单位产量的人工成本均大于小麦的人工成本，玉米人工成本中的玉米脱粒等环节用工与地块数量无关，因此进行地块整合之后，玉米人工生产成本降低幅度相对较小。"一户一田"对玉米机械成本影响为负，且在 10% 的置信水平下通过检验。即实施"一户一田"村组农户单位产量机械成本比未实施村组单位产量机械成本低 1.1% ，小于小麦机械成本的变化幅度。这可能因为小麦生产

过程中，机械使用的时间较多，包括耕地、耙地、播种和收获等多个环节都需要机械劳作，而玉米生产过程中只有播种和收获环节需要机械劳作，机械成本的基数较小。因此地块减少给玉米机械成本带来的影响相对有限，回归系数也就没有小麦大。同样，实施"一户一田"对于玉米农资成本的影响仍然不显著，这或许表明无论是小麦还是玉米，农户生产习惯很难轻易改变。"一户一田"对于农资效果的发挥可能还需要更长的时间。或者说，若想使"一户一田"对农资成本的降低作用发挥出最好的效果，可以通过技能培训让农户意识到"一户一田"可能会降低农资成本，进而尝试改变粮食耕种习惯，为表现出更好的实施效果奠定基础。

表5-6   "一户一田"对玉米不同分项成本影响的回归结果

变量	（1）	（2）	（3）	（4）
	人工成本	机械成本	农资成本	土地成本
实施"一户一田"	- 0.160 *** （0.059）	- 0.011 * （0.007）	- 0.038 （0.032）	0.006 （0.041）
其他控制变量	已控制	已控制	已控制	已控制
截距项	0.220 （1.120）	0.275 * （0.147）	0.502 （0.608）	0.094 （0.741）
样本量	496	496	496	496
R^2	0.328	0.177	0.236	0.331

注：* 、** 、*** 分别表示在10% 、5% 、1% 的置信水平下显著；表中数值为回归系数和稳健性标准误（括号内）。

结果显示，玉米四项成本回归结果与小麦基本相同，"一户一田"对于粮食生产成本影响及其机制较为稳定，"一户一田"主要能够降低粮食生产的人工成本和机械成本，对于农资成本的影响可能还需要时间显现，对于土地成本并没有显著影响。

（2）"一户一田"对不同地区生产成本的影响分析

为进一步分析"一户一田"对不同地区小麦生产成本的影响差

异，本部分尝试将样本分为德州和济宁两个地市进行对比分析，模型设定与基准回归相同。

表5-7反映了"一户一田"对不同地区小麦总成本、人工成本和机械成本影响的回归结果，"一户一田"对德州市和济宁市小麦总成本、人工成本、机械成本的影响均通过了显著性检验，并且与基准回归结果保持一致。在小麦总成本和人工成本方面，德州市的回归系数更大，说明实施"一户一田"对于德州市总成本和人工成本降低更为明显。据统计，德州、济宁两市小麦户均种植面积均值分别为0.53公顷和0.94公顷，且通过了均值相等的t检验，即两市小麦种植规模存在显著差异。德州市户均经营规模更小，单一地块模块可能也更小，实行地块整合后，更容易形成规模经济，进而降低粮食生产成本。这说明对于细碎化较为严重的地区，进行地块整合将更有效。有必要说明的是，在机械成本方面，济宁市的回归系数更大一些。可能原因是德州市是农业大市，农业社会化服务组织更为发达，通常一个农机服务组织耕种整村或整片地块，因此农户大多数购买农机服务而非自购机械。当村组没有实施"一户一田"时，虽然农户地块分散在各处，但不同农户实则共处同一块土地，即"多户一田"，机械能够在细碎地块上连续耕种，因此"一户一田"对机械成本影响相对较小。而济宁市农业相对落后一些，社会化服务组织发育还不够健全，农户自购机械比例较高，没有实施"一户一田"时，机械在自家分散地块上劳作会明显增加机械成本；而"一户一田"的实施，会使农户在小麦生产时的机械移动成本显著减少，因此降低机械成本。

表5-7 "一户一田"对不同地区小麦生产成本影响的回归结果（a）

变量	总成本		人工成本		机械成本	
	（1）	（2）	（3）	（4）	（5）	（6）
	德州市	济宁市	德州市	济宁市	德州市	济宁市
实施"一户一田"	-0.065 * (0.035)	-0.043 * (0.026)	-0.293 *** (0.067)	-0.161 ** (0.067)	-0.057 ** (0.028)	-0.080 * (0.046)

变量	总成本		人工成本		机械成本	
	（1）	（2）	（3）	（4）	（5）	（6）
	德州市	济宁市	德州市	济宁市	德州市	济宁市
其他控制变量	已控制	已控制	已控制	已控制	已控制	已控制
截距项	1.785 ** (0.786)	1.141 *** (0.402)	-2.013 (1.235)	-2.066 * (1.142)	-0.691 (0.557)	-0.888 (0.853)
样本量	188	318	188	318	188	318
	506		506		506	
R^2	0.402	0.156	0.422	0.268	0.208	0.254

注：*、**、*** 分别表示在 10%、5%、1% 的置信水平下显著；表中数值为回归系数和稳健性标准误（括号内）。

表 5-8 反映了"一户一田"对不同地区小麦农资成本和土地成本影响的回归结果，"一户一田"对德州市农户小麦农资成本具有显著的负向影响，即德州市实施"一户一田"的农户比未实施"一户一田"的农户农资成本低 8.6%。但济宁市的农资成本却没有明显影响。通过对德州和济宁两市"一户一田"实施时间节点进行统计分析，进一步印证了前面的假设。德州市"一户一田"村组实施时间均为 2015 年之前，但济宁市所调研村组中有一半在 2015 年后实施"一户一田"。德州市实施"一户一田"的时间距离所调研的生产年份间隔时间更长，农户行为更容易发生改变，通过多年的生产积累使农业生产行为习惯得到优化，因此降低农资使用量，导致农资生产成本降低。济宁市"一户一田"实施时间整体偏晚，即使已经实施了"一户一田"，农户可能大多还按照原有的生产习惯从事农业生产，因此暂时没有表现出明显影响。"一户一田"对德州和济宁两市土地成本均无显著影响，如前面的分析，土地价格能够很快随着地块整合而变化。因此土地成本能够处于稳定的状态，不会出现明显的变化。

表 5 – 8 "一户一田"对不同地区小麦生产成本影响的回归结果（b）

变量	农资成本		土地成本	
	（1）	（2）	（3）	（4）
	德州市	济宁市	德州市	济宁市
实施"一户一田"	– 0. 086 ** （0. 040）	– 0. 024 （0. 041）	0. 054 （0. 053）	– 0. 062 （0. 055）
其他控制变量	已控制	已控制	已控制	已控制
截距项	1. 146 （0. 819）	0. 373 （0. 715）	1. 411 （1. 203）	– 0. 425 （0. 874）
样本量	188	318	188	318
	506		506	
R^2	0. 220	0. 180	0. 617	0. 085

注：＊、＊＊、＊＊＊分别表示在10%、5%、1%的置信水平下显著；表中数值为回归系数和稳健性标准误（括号内）。

因此，"一户一田"能够随即降低实施村组农户小麦的人工成本和机械成本，小麦农资成本的影响需要时间才能进一步显现，而土地成本无论时间长短都不会发生明显的变化。

表 5 – 9 为"一户一田"对不同地区玉米总成本、人工成本和机械成本的回归结果。在玉米生产总成本方面，"一户一田"对德州市玉米生产总成本无显著影响，但对于济宁市影响比较显著，这与小麦总成本的地区差异存在一定不同。可能是由于不同作物对于地块规模具有不同的适应性，因此导致回归结果存在差异。也可能与分项成本的影响机制有关。下面将进一步分析分项成本。

表 5 – 9 "一户一田"对不同地区玉米生产成本影响的回归结果（a）

变量	总成本		人工成本		机械成本	
	（1）	（2）	（3）	（4）	（5）	（6）
	德州市	济宁市	德州市	济宁市	德州市	济宁市
实施"一户一田"	– 0. 052 （0. 042）	– 0. 062 * （0. 037）	– 0. 169 ** （0. 085）	– 0. 133 * （0. 079）	0. 003 （0. 007）	– 0. 021 ** （0. 010）

续表

变量	总成本		人工成本		机械成本	
	(1)	(2)	(3)	(4)	(5)	(6)
	德州市	济宁市	德州市	济宁市	德州市	济宁市
其他控制变量	已控制	已控制	已控制	已控制	已控制	已控制
截距项	2.237** (0.887)	1.448*** (0.551)	0.897 (1.990)	−0.050 (1.257)	0.335*** (0.108)	0.278 (0.199)
样本量	188	308	188	308	188	308
总样本	496		496		496	
R^2	0.261	0.153	0.407	0.237	0.178	0.139

注：*、**、*** 分别表示在 10%、5%、1% 的置信水平下显著；表中数值为回归系数和稳健性标准误（括号内）。

在人工成本方面，无论是济宁市还是德州市，实施"一户一田"后可以明显降低人工成本。影响机理与小麦相同，"一户一田"可以明显降低农民在路途中移动的时间，减少无效的人力消耗，因此降低人工成本。在机械成本方面，济宁市的影响更加显著且系数更大，这与小麦的情况基本相同。主要是因为德州市社会化服务组织相对来说更加发达，自用机械较少，在实施"一户一田"之前就已经实现"多户一田"，可以在不同地块上联合耕作，机械无效使用量较少。

表 5-10 为"一户一田"对不同地区玉米农资成本和土地成本的回归结果。"一户一田"对两市玉米农资成本和土地成本影响也存在一定差异，这可能与两市实际情况有关。

表 5-10 "一户一田"对不同地区玉米生产成本影响的回归结果（b）

变量	农资成本		土地成本	
	(1)	(2)	(3)	(4)
	德州市	济宁市	德州市	济宁市
实施"一户一田"	−0.023 (0.045)	−0.041 (0.043)	0.103** (0.051)	−0.038 (0.057)

变量	农资成本		土地成本	
	（1）	（2）	（3）	（4）
	德州市	济宁市	德州市	济宁市
其他控制变量	已控制	已控制	已控制	已控制
截距项	1.376 (0.858)	0.146 (0.730)	1.313 (1.125)	−0.492 (0.966)
样本量	188	308	188	308
	496		496	
R^2	0.246	0.177	0.516	0.104

注：*、**、***分别表示在10%、5%、1%的置信水平下显著；表中数值为回归系数和稳健性标准误（括号内）。

5.5.2 内生性讨论

虽然本书尽可能控制了影响粮食生产成本的相关因素，但遗漏变量偏误仍然是基准回归模型潜在内生性问题的重要来源。此外，实施“一户一田”与单位产量生产成本可能存在互为因果的关系。即虽然“一户一田”是村（组）干部带领村民通过表决形式自发实施，但是生产成本低的农户可能更注重生产成本的节约，因此更可能尝试通过实施“一户一田”降低粮食生产成本。若不考虑“一户一田”内生性问题，那么基准回归估计出来的“一户一田”和粮食生产成本的系数只能是两者相互关系，而不是因果关系，故需引入工具变量。

本书选择村干部上任竞选时的支持率①作为工具变量进行两阶段最小二乘（2SLS）估计。选择该工具变量的原因在于：一方面，我们在调研时发现村干部上任时竞选支持率与能否实施“一户一田”高度相关。村干部换届时的支持率越高，说明村干部越有威信和说服力，更容易在实施“一户一田”的过程中劝说不愿意实施的农户服

————————————

① 支持率 = 总票数/投票总人数

从集体决策,更有能力采取公平公正的措施保障"一户一田"顺利实行。因此村干部上任时支持率越高,越容易带动农户实施"一户一田"。我们曾对实施"一户一田"的村组和未实施"一户一田"村组干部支持率进行了统计。实施"一户一田"村组干部上任时的支持率平均值为88.42%,显著高于未实施村组干部支持率的平均值74.13%(见表5-11)。很明显,干部支持率越高越可能实施"一户一田"。另一方面,村干部上任时支持率与农户粮食生产成本没有直接关系。村干部上任时的支持率是村组实施"一户一田"之前的既定事实,在没有实施"一户一田"之前就已经确定了,不受实施"一户一田"的影响。农户粮食生产成本主要与农户行为习惯息息相关,而且村干部上任时的支持率是村级层面较宏观的变量,相较于个体生产成本具有比较强的外生性。现阶段村干部的主要职能是从事村级日常管理工作,理论上与每一个农户粮食生产成本关系不大。

表 5-11　　　　　　　　村组干部支持率对比

组别	干部支持率(%)
实施组	88.42
未实施组	74.13

表5-12为工具变量估计(2SLS)结果,其中,回归(1)和回归(3)的第一阶段估计结果显示,组织实施"一户一田"的村干部上任时的支持率与实施"一户一田"有显著的正相关关系,且第一阶段回归 F 值远大于临界值,可以认为不存在明显的弱工具变量问题;第二阶段回归的 DW 内生性检验 p 值为 0.030,说明"一户一田"变量存在明显的内生性,2SLS 回归能够得到一致估计量。第二阶段估计结果显示,实施"一户一田"估计系数仍显著为负,且边际效应比基准回归结果更大,说明前述关于"一户一田"对生产成本的效应是有所低估和保守的。总体来讲,工具变量估计结果再次表

明，实施"一户一田"将显著降低农户生产成本。但需特殊说明的是，在调研的过程中，部分村组由于村干部上任时间较长，未能通过乡镇组织部门或者村干部回忆的方式获取有效数据，造成村干部支持率缺失，因此表5-12中的样本个数少于基准回归。

表5-12 "一户一田"对生产成本影响的内生性讨论

变量	小麦		玉米	
	（1）	（2）	（3）	（4）
	2SLS一阶段	2SLS二阶段	2SLS一阶段	2SLS二阶段
实施"一户一田"		-0.276 *** （0.048）		-0.240 *** （0.061）
村干部支持率	1.302 *** （0.095）		1.298 *** （0.095）	
控制变量	已控制	已控制	已控制	已控制
R^2	0.251	0.180	0.257	0.302
样本量	481		474	
工具变量F值	122.228		122.061	
内生性检验p值	0.000		0.000	

注：*、**、*** 分别表示在10%、5%、1%的置信水平下显著；表中数值为回归系数和稳健性标准误（括号内）。

5.5.3 稳健性检验

（1）子样本回归

在未实施"一户一田"的村组中，有农户通过自发的土地互换实现了"一户一田"。即使村里没有实施"一户一田"，他们也实现了一家一块地。在实施"一户一田"的村组中，也有个别农户有2块农地。主要是村组中某一大地块面积很难是户均面积的倍数，常见情况为村中农地被一条道路分为两半，路一侧地块面积分给N户有剩余，分给N+1户不足，所以部分农户在道路两侧都有农地，此时家中地块数为 2，甚至有些农户有 3 块或者更多的土地。两类农户的存在或影响回归结果。我们把未实施"一户一田"村组中 1 块地的农户和已经实施"一户一田"村组中多块地的农户全部剔除后回归，进而保证样本纯粹性，此时小麦和玉米的样本量分别为 476 个和 467 个。回归结果如表 5 - 13 回归（1）和回归（2）所示。实施"一户一田"对小麦和玉米的生产成本具有稳健的负向影响，但均比基准回归的系数更大，这更加说明一块地比多块地的农户生产成本更低。

表 5 - 13　"一户一田"对小麦和玉米总成本影响的稳健性检验

变量	子样本回归		替换解释变量	
	（1）	（2）	（3）	（4）
	小麦	玉米	小麦	玉米
实施"一户一田"	- 0.069 *** (0.022)	- 0.073 ** (0.029)		
地块数量			0.059 *** (0.021)	0.054 * (0.029)
其他控制变量	已控制	已控制	已控制	已控制
截距项	1.396 *** (0.368)	1.593 *** (0.479)	1.266 *** (0.354)	1.638 *** (0.465)
样本量	476	467	506	496
R^2	0.309	0.322	0.314	0.334

注：* 、** 、*** 分别表示在 10% 、5% 、1% 的水平下显著；表中数值为回归系数和稳健性标准误（括号内）。

（2）替换核心解释变量

实施"一户一田"本质上是进行地块整合。本部分使用农户地块数量作为"一户一田"替代变量进行回归，回归结果如表 5 - 13 回归（3）和回归（4）所示。地块数量对小麦总成本的影响为正，且在 1% 的置信水平下显著。即在其他条件不变的情况下，地块数量增加一块，小麦单位产量生产成本增加 5.9% 。这也说明地块数量越少，小麦的单位产量总成本越低，证明实施"一户一田"能够显著降低粮食生产成本。同样，地块数量对于玉米总成本的影响为正，且在 10% 的置信水平下显著，地块数量增加 1 块，会使玉米生产成本增加 5.4%。说明实施"一户一田"同样会使玉米单位产量总成本减少。

5.6 本章小结

本章基于山东省 2 个地级市 6 个县（市、区）506 个农户微观调查数据，通过实证方式研究"一户一田"对粮食生产成本的影响，其中，异质性分析主要考察不同作物、不同地区和不同成本的影响差异，内生性讨论使用村组干部上任时的支持率作为工具变量，稳健性检验则通过子样本回归和替换核心解释变量进行。最终得出以下结论：

（1）实施"一户一田"会显著降低小麦和玉米的单位产量生产成本。通过分步回归后发现实施"一户一田"与单位产量总成本之间存在稳定的负向关系，即在其他条件不变的情况下，实施"一户一田"会降低小麦和玉米单位产量生产成本。

（2）实施"一户一田"对不同分项成本影响存在差异。实施"一户一田"会显著降低小麦和玉米的人工成本和机械成本。因为实施"一户一田"后，农户和机械不必在不同地块之间奔波劳作，农业劳动时间和机械交通时间将会明显减少，单位产量人工成本和机械成本因此降低。实施"一户一田"对小麦和玉米的农资成本的影响尚未完全显现，或因农户行为习惯短期内难以发生明显变化。

（3）实施"一户一田"对生产成本的影响因内生性问题而被低估。"一户一田"与小麦和玉米的生产成本的实证过程中可能存在互为因果或者遗漏变量的内生性问题，因此选用组织实施"一户一田"的村干部上任时的支持率作为工具变量。两阶段最小二乘结果显示，使用工具变量后回归系数更大，"一户一田"对生产成本的影响更为显著。

（4）实施"一户一田"对生产成本的影响较为稳健。通过子样本回归和替换核心解释变量，均表明实施"一户一田"对于小麦和玉米的生产成本具有显著影响，而且"一户一田"实施越彻底，影响效果也越明显。

基于以上分析，提出三个政策建议：

（1）尊重民意，允许基层探索实践。我国粮食生产成本居高不下，影响了农民增收，降低了生产积极性，亟待重视和解决，而本书研究表明"一户一田"可以有效地降低粮食生产成本。目前全国范围内农村土地二轮延包在即，不妨借此机会给予村组和农户更多自主权，允许农户在适宜地区通过土地调整实现"一户一田"，达到降低粮食生产成本，增加农业收入的目的（张成鹏等，2020）。

（2）加强培训，增加农户非农收入。本章研究发现"一户一田"能够大幅度降低人工成本，即能够减少农业用工。但只有将从农业部门节省出来的时间向非农部门转移，才能够实现农户非农收入的增加。因此，政府应做好劳务培训工作，和部分城市签订劳务定向输出协议，保证剩余劳动力顺利有效转移。

（3）统筹规划，分类有序逐步实施。本章发现不同地区实施"一户一田"对成本的影响存在一定差异。计划实施"一户一田"的地区，应做好前期调研，重点关注影响"一户一田"对生产成本效果的关键变量，如社会化服务水平、土地面积等，进而在适合的地区分类推进、有序实施。

第6章 "一户一田"对农户粮食单产的影响

本章主要基于山东省 2 地市 6 县（市、区）506 个农户的调查数据，利用柯布 – 道格拉斯生产函数实证检验"一户一田"对粮食单产的影响。结构安排如下：第一部分，引言，表明研究"一户一田"对粮食单产影响的意义。第二部分，理论分析与研究假设，从提高生产效率、促进要素投入和改进生产条件三个方面分析"一户一田"对粮食单产的影响机理，并提出研究假说。第三部分，变量选择与模型设置。第四部分，实证结果与分析，基准回归分步进行，异质性分析主要考察受访农户工作性质和家庭非农劳动人数带来的差别，内生性讨论使用村组干部上任时的支持率作为工具变量，稳健性检验通过子样本回归进行。第五部分，本章小结。

6.1 引　言

农为邦本，本固邦宁。党的十八大以来，习近平总书记心系"三农"，始终重视粮食安全。2013 年中央农村工作会议上，总书记要求"中国人的饭碗任何时候都要牢牢端在自己手上"[①]；2020 年中央农村工作会议上，总书记强调"要牢牢把住粮食安全主动权，粮

---

① 中共中央党史和文献研究院. 习近平关于国家粮食安全论述摘编 [M]. 北京：中央文献出版社，2023.

食生产年年要抓紧"[①]。2022年，习近平总书记在看望全国政协委员时强调"粮食安全是'国之大者'[①]。悠悠万事，吃饭为大。"进一步优化农地制度，保障粮食安全，已成为政策界和学术界关注的焦点问题。

"一户一田"作为一种新兴实践，也会对粮食产量产生一定影响。如安徽省怀远县徐圩乡实施"一户一田"后每亩可增产150千克（刘小红等，2017）；新疆维吾尔自治区玛纳斯县三岔坪村耕地连片后，由于可以统一安装节水灌溉设施，棉花产量由4500千克/公顷提高到5700千克/公顷（张蚌蚌和王数，2013）。"一户一田"虽然能够提高粮食产量，但农地细碎化对粮食产量的影响并不一致。一方面，多数学者认为农地细碎化会降低农作物产量，卢华等（2016）发现，农地细碎化可以改变要素的边际产出弹性而作用于整个农业生产系统，从而降低农作物产量。李寅秋等（2011）认为农地细碎化对江苏省样本户水稻单产存在负向影响，且示范户影响更为严重。高强等（2020）、秦立建等（2011）相关研究也表明农地细碎化会降低粮食产量。另一方面，部分学者认为农地细碎化对农作物产量具有提升作用。吴子平等（2005）通过对1996年河北省两个县的227个农户分析发现，农地细碎化可通过提高物质投入效率，进而提高粮食生产能力。刘七军等（2011）发现耕地细碎化对内陆干旱绿洲区小麦和玉米产量具有正向效应。还有一些学者认为细碎化对于产量的影响并不稳定，有学者对江苏盐城市和徐州市农户数据实证研究表明，农地细碎化对不同地区粮食产量存在正负两方面的影响（唐珂等，2017）。文高辉等（2019）认为耕地细碎化对农户耕地生产率的影响因农户经营规模不同而存在差异。

上述文献为后续研究奠定了良好基础，但仍然存在较大扩展空间。一方面，受制于调研难度，"一户一田"对粮食产量影响的研究多为案例分析，尚缺乏关于"一户一田"对粮食单产的实证研究；另一方面，由于细碎化对于粮食产量的影响还会受到种植品种、既定规模、地区特征等多种因素影响，农地细碎化是否会对粮食产量产生影响存在较大分歧。因此"一户一田"能否提高山东省粮食单产？会引致多大程度的影响？对不同农户群体粮食单产影响是否存在差异？这些问题均有待进一步实证检验。基于此，本章在借鉴已有研究基础上，运用山东省506个农户的一手调研数据，实证分析"一户一田"对粮食单产的影响，以期为促进我国粮食产量增加、保障粮食安全，进一步释放土地制度改革红利提出政策建议。

6.2 理论分析与研究假说

本章综合已有研究，在与实施"一户一田"农户大量访谈基础上，认为"一户一田"对粮食单产的影响主要通过3条路径发挥作用（见图6-1）。

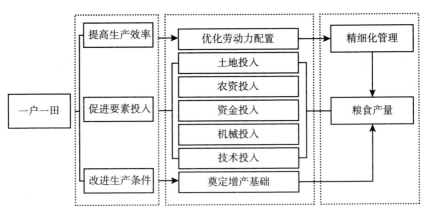

图6-1 "一户一田"对粮食单产的影响机理

一是优化劳动力配置利于精细化管理。地块细碎迫使农户携带劳动工具奔走于各地块之间，浪费有效投工量。在移动运输环节，农户需在家和地块之间、不同地块之间往返，大量时间会消耗在人的移动和生产资料运输过程中。在灌溉环节，农户要为每个地块排队等井，挪动灌溉设备，费时颇多（杨慧莲等，2019）。在机械作业环节，机械难以在细小地块上耕种，农户只能被迫采取人畜劳作的原始方式，此外，农户等待、观望机械作业时间也与地块数成正比。与此同时，随着"打工经济"兴起，农民非农就业机会不断增多，理性农户会把更多精力分配到非农劳动中去，从事农业劳动时间就非常有限。地块细碎可能使农户因"精力不济"造成灌溉、施肥、除草、打药不及时的"误农时"现象，影响粮食产量，甚至出现部分农户将无法机械作业的地块直接抛荒，影响粮食种植面积（卢华等，2016）。农地细碎也会迫使农户将生产要素更多地投入到肥沃地块中，而缺乏足够的激励去改善贫瘠土地的质量（郭贯成和丁晨曦，2016），进而影响粮食产量。农户实施"一户一田"，有助于大幅减少交通、等待作业等时间，将农业劳动投入更多配置到农业生产过程当中，"误农时"现象会明显减少。例如，小麦在抽穗、拔尖等关键生长期能够得到及时灌溉，作物照料更加完善，助力产量得以提升。

二是促进要素投入增强生产能力。农地细碎化影响产量的重要原因是减少了农户对农业生产资料的投入，从而抑制了粮食增产。在土地投入方面，地块细碎分散会导致田埂、地界、生产道路过多，大量良田被占用。实行"一户一田"后，小地块间大量田埂垄沟得以去除，水渠和小路得到整治，村中荒地进行整理，有效耕种面积明显增加，进而促进产量提升。在农资投入方面，农地细碎化会减少农户化肥、农药等农业可变生产资料的投入，抑制粮食产量。具体来说，若把同一块农地分给两个农户，由于化肥等可变资本投入具有使用效益的外部性特征，两个农户都有在地界附近减少化肥等要素使用量的行为，进而降低粮食产量。秦立建等（2011）进行田野调研的事实亦表明了这一观点。此外，地块零碎会加剧水肥等要素泄漏和蒸发，例如，当灌溉同样水量时，细碎地块会因水的下渗和外溢造成资源浪费，有效水资源投入量相对更少（卢华等，2016）。在资金投入方面，细碎地块上投资难度大、成本高，农户生产设施投资意愿不强（杨慧莲等，2019），不利于资本深度投资（蔡荣，2015）。在机械投入方面，地块边界和田埂增多会浪费农机作业时间，限制农业机械的使用，迫使农户只得采取相对传统和保守的种植方式，效率相对较低。在技术投入方面，农地细碎化还会降低农户接受农业新技术和农业创新的积极性，进而降低投入产出效率。

三是改善生产条件奠定增产基础。村组原本"一户多田"的重要原因是村组土地的土壤肥力、排水能力和灌溉条件等村组内土地禀赋存在差异（张成鹏等，2022）。为了实施"一户一田"，部分地方政府和村组集体会出资进行灌溉设施修缮、农地平整等基础设施建设，改善了粮食种植条件，此举无疑会有效增加粮食产量（张蚌蚌和王数，2013）。例如，在所调研的村组中，Miaodong村①为消除灌溉条件差异，实施"一户一田"前进行了小农水改造，使所有地块均能正常灌溉；Zhongtaocheng村为消除排水条件差异，实施"一户一田"前将部分土地垫高，防止部分地块下雨积水影响产量。这些做法在保障"一户一田"顺利实施的同时，也为粮食增产奠定了基础。

本章提出以下研究假说：

H1：在其他条件相同的情况下，实施"一户一田"会增加粮食单产。

"一户一田"对粮食单产的影响或因农户工作性质差异而不同。部分农户只从事农业劳动，亦有农户兼业非农工作。对只从事农业劳动的农户而言，由于无须外出打工，工作时间可全部配置于农业生产，通过实施"一户一田"节省出来的有效投工量可更多地投入到农业生产中，进而使粮食生产更加精细，增加粮食产量。而对兼业农户而言，实施"一户一田"节省出的农业劳动时间有助于他们投入

---

① 应地方干部要求，出现的村庄名称用拼音代替，县市区名称用字母代替。下同。

更多时间精力到非农劳动中去，对农业劳动时间投入相对较少，因此粮食产量增幅有限。鉴于可用受访者是否仅农业劳作衡量农户不同工作性质差异，本章提出以下研究假说：

H2a：实施"一户一田"后，受访者仅农业劳作的粮食单产增幅更大。

大多数农村家庭总人数和成员结构相差不大，一个家庭中从事非农劳动的人数越少，相对其他家庭从事农业劳动或者兼业劳动的人数也就越多，即整个家庭主要以农业经营为主。实施"一户一田"后，由于农业生产效率提升，完成同样的工作所花费的时间会更少，就会产生新的劳动剩余。除闲暇外，以农业经营为主的家庭更可能将剩余的农业劳动时间用于农业生产，使作物管理更加精细，进而提高粮食产量。鉴于此，本章提出以下研究假说：

H2b：实施"一户一田"后，家中非农劳动力少的粮食单产增幅更大。

6.3 变量选择与模型设定

6.3.1 变量选择与说明

结合前述理论分析及现有文献，本章主要涉及被解释变量、解释变量和控制变量三大类变量。具体变量的选择和说明如下（见表6-1）。

表6-1　　　　　　　　　变量定义与说明

类别	变量定义	变量说明
被解释变量	粮食单产	每公顷粮食产量/（千克/公顷），取对数
解释变量	实施"一户一田"	1＝实施；0＝未实施

类别	变量定义	变量说明
要素特征	土地投入	实际种植面积/公顷，取对数
	单位面积劳动投入	每公顷劳动投入/（天/公顷），取对数
	单位面积资本投入	每公顷投入资金和物质折算/（元/公顷），取对数
家庭特征	年龄	受访者年龄/岁
	受教育年限	受访者受教育年限/年
	生产经营培训	受访者是否接受过生产经营培训：1 = 是，0 = 否
	合作社员身份	受访者是否参加过农民合作社：1 = 是，0 = 否
	农业劳动人数	家庭中从事农业劳动的人数
农地特征	土地质量	1 = 贫瘠；2 = 中等偏下；3 = 中等；4 = 中等偏上；5 = 肥沃
地区特征	地区	县级虚拟变量

（1）被解释变量

粮食单产。考虑到山东省最主要的粮食作物为小麦和玉米，故此处粮食单产为每公顷土地小麦和玉米产量，单位为千克/公顷。

（2）解释变量

实施"一户一田"。"一户一田"是指村集体通过土地调整、土地互换等方式，将原来每户分散在多处、面积相对较小的承包地调整为一块大面积承包地的地块整合办法。因担心农户对"一户一田"变量把握不准，故此变量由村级问卷获取，对农户不再询问此问题。

（3）控制变量

借鉴李寅秋等（2011）、唐轲等（2017）、王雪琪等（2018）、吴连翠等（2013）研究，选取要素特征、家庭特征、农地特征和地区特征4类变量，具体说明见表6-1。

受访者要素特征方面，包括土地投入、劳动投入和资本投入。作为最重要的生产要素，在粮食生产过程中，土地、资本和劳动投入量越多，就有可能在其他条件不变的情况下获得更高的粮食产量。

受访者家庭特征方面，包括受访者年龄、受教育年限和生产经营培训状况等。受访者通常是每户留守在村庄的农业经营决策人，其年龄大小可能与农业生产技能高低息息相关，进而影响粮食单产；受访者受教育年限越长，越有可能采用精进的种植技术，进而获得更高的粮食产量；受访者农业劳动人数越多，更容易实现精耕细作，单产可能更高；农村的生产经营培训会显著提升农户的种植技能，进而可能获得更高的产量。

受访者农地特征方面，现阶段农村土地质量存在较大差别，特别是土壤肥力对于粮食产量具有至关重要的作用。土地质量越高，相同情况下可能获得更高的粮食产量。县级虚拟变量，不同县市区的气候条件、种植习惯等不可观测的因素也可能会在一定程度上影响粮食单产。

6.3.2 模型设置

比较了 C－D 生产函数、Translog 生产函数、VES 生产函数和 CES 生产函数等众多生产函数后，本章决定采用变量更简单、更加突出"一户一田"作用的 C－D 双对数粮食生产函数，设置具体形式如下：

$$\ln \frac{Y}{T_i} = \alpha_0 + \gamma_1 Treat_i + \gamma_2 (Treat \times \ln T_i)$$

$$+ \alpha_1 \ln T_i + \ + \alpha_2 \ln \frac{L_i}{T_i} + \alpha_3 \ln \frac{K_i}{T_i} + \varphi Control + \varepsilon_i \qquad (6-1)$$

其中，Y/T_i 表示第 i 个农户的每公顷产量（千克）；$Treat_i$ 为核心解释变量，即是否实施"一户一田"；T_i 表示第 i 个农户的种植面积（公顷）；劳动 L_i 表示第 i 个农户粮食种植过程中各个生产环节的有效劳动投入量总和（天）；K_i 表示第 i 个农户种植过程中投入的物质和资金（元），包括化肥、种子、农药、机械作业费用，自有种子和自有机械按照市场价格进行折算。$Control$ 为控制变量，包括家庭特征、农地特征和地区特征。为检验"一户一田"在土地投入对粮食单产影响中的作用，加入两者的交互变量。

不同作物产量的影响因素或存在较大差异，故本章在实证部分主要分别就"一户一田"对小麦和玉米每公顷产量的影响进行实证研究，进而减少品种差异带来的偏误。为尽可能避免异方差问题并增加数据可比性，对要素投入变量和单产变量进行取对数处理。

6.4　实证结果与分析

6.4.1　数据来源与描述性统计

（1）数据来源

调研团队在山东省出现"一户一田"实践探索的德州和济宁两市的6个县（市、区），寻找到实施"一户一田"的村组24个。在24个实施"一户一田"村组附近选择与其家庭特征、农地特征等因素基本相同但未实施"一户一田"的村组24个作为对照组。通过样本匹配，以尽可能保证实施组和对照组的样本特征一致，随后每个村组随机抽样5~15个农户。问卷数据收集工作于2020年8月至10月完成，得到有效问卷506份。需要特殊说明的是，506个农户的第一季作物为小麦，第二季种植的作物有所不同，其中496个农户种植玉米。因此小麦和玉米的相关回归样本数分别为506个和496个。

（2）农户基本情况描述性统计

表6-2是农户基本情况调查问卷的描述性统计。其中，受访者平均年龄约59.93岁，最小值为34岁，最大值为81岁，可见农村老龄化现象明显，大多数年轻人外出打工，在家留守的受访者以老人为主。受教育年限均值为6.41，尚未达到9年义务教育的标准，主要

因老年受访者受教育年限较短，影响了平均水平。生产经营培训的均值为 0.25，说明接受培训的农户较少，农村相关技能培训还有较大的提升空间。合作社员身份均值为 0.15，说明加入农民合作社的农户相对较少，新型农业经营主体还有较大发展空间。土地质量均值为 3.61，即区域内农户土地质量相对较高，这符合济宁、德州两市位于平原地区、土地禀赋优质的实际情况，以及近些年政府实施高标准农田改造等土地项目和农户加强个人投资的现实[①]。

表 6 - 2 变量描述性统计

变量	样本量	平均值	标准差	最小值	最大值
户主年龄	506	59.93	8.91	34.00	81.00
受教育年限	506	6.41	3.59	0.00	16.00
生产经营培训	506	0.25	0.43	0.00	1.00
合作社员身份	506	0.15	0.36	0.00	1.00
农业劳动人数	506	1.78	0.76	1.00	7.00
土地质量	506	3.61	0.92	1.00	5.00
小麦单产	506	8345.29	1136.63	4500.00	11250.00
小麦土地投入	506	0.80	3.06	0.02	60.00
小麦单位面积劳动投入	506	28.18	20.07	3.15	212.50
小麦单位面积资本投入	506	7617.61	2100.70	3300.00	18328.13
玉米单产	496	8427.30	1293.16	3750.00	13125.00
玉米土地投入	496	0.80	3.09	0.04	60.00
玉米单位劳动投入	496	25.84	19.91	0.82	151.88
玉米单位资本投入	496	7072.10	2402.05	2659.29	21200.00

① 土地质量为农户问卷调查时的自评土地质量，1 = 土地贫瘠；2 = 土地质量中等偏下；3 = 土地质量中等；4 土地质量中等偏上；5 = 土地非常肥沃。

样本户小麦单产均值约为 8345.29 千克/公顷，整体处于较高水平，这与两市优质的种植条件密不可分。同时也注意到，小麦单产的最大值和最小值有较大差距，说明部分低产农户产量还有进一步提升空间。样本户小麦土地投入均值为 0.80 公顷，最小值为 0.02 公顷，最大值为 60 公顷，农户小麦种植面积分布范围较大，既有专业的种粮大户，也涵盖种植"一亩三分地"的小农。小麦单位面积劳动投入和单位面积资本投入的均值分别为 28.18 天/公顷和 7617.61 元/公顷，且极差很大，主要原因是种粮大户和小农同时存在且差异较大。样本户玉米单产均值约为 8427.30 千克/公顷（561.82 千克/亩），较小麦单产略低。样本户玉米土地投入均值 0.80 公顷，虽然样本数量减少，但是平均面积与小麦保持一致。玉米单位面积劳动投入和单位面积资本投入较小麦略低，但单位面积劳动投入标准差更大。这一方面可能与作物特征有关，另一方面可能与农户种植习惯有关。山东农户更加重视小麦种植，平时管理都比较精细，但不同农户对玉米种植方式却存在较大差异。有的农户在玉米种植时要素投入较多，有的却懒于管理。因此，部分农户的玉米种植过程可能具备进一步提升技术和降低成本的潜力。

（3）粮食产量对比分析

表 6-3 反映了实施"一户一田"两类农户的单位产量的差异。未实施"一户一田"农户的小麦单位产量约为 8226.84 千克/公顷（548.46 千克/亩）；实施"一户一田"农户的小麦单位产量约为 8470.49 千克/公顷（564.70 千克/亩），通过了均值相等的 t 检验，说明两类农户小麦产量存在显著差异。未实施"一户一田"农户的玉米单位产量约为 8356.16 千克/公顷（557.08 千克/亩）；实施"一户一田"农户的单位产量约为 8500.78 千克/公顷（566.72 千克/亩），通过了均值相等的 t 检验，说明两类农户玉米产量存在显著差异。

表 6 - 3 粮食单产的对比分析

变量	未实施农户（千克/公顷）		已实施农户（千克/公顷）		均值相等 t 检验显著性
	均值	标准差	均值	标准差	
小麦单产	8226.84	1205.22	8470.49	1047.27	0.00
玉米单产	8356.16	1301.12	8500.78	1283.41	0.10

6.4.2 基准回归结果

利用 Stata15.0 软件进行多元回归分析。为建立更稳健的模型，试图在增减控制变量基础上关注"一户一田"对粮食单产影响的显著性。此外，为避免异方差造成估计结果偏误，模型进行稳健标准误处理。基准模型回归结果如表 6 - 4 所示，回归模型（1）和模型（3）中仅加入实施"一户一田"、要素投入变量和地区特征变量后回归，回归模型（2）和模型（4）在此基础上引入家庭特征和农地特征变量后回归。

表 6 - 4 "一户一田"对粮食单产的基准回归结果

变量	小麦		玉米	
	模型（1）	模型（2）	模型（3）	模型（4）
土地投入，取对数	-0.019* (0.010)	-0.023** (0.010)	-0.016 (0.012)	-0.019 (0.012)
实施"一户一田"	0.032* (0.017)	0.045*** (0.016)	0.027 (0.019)	0.042** (0.019)
是否实施"一户一田"×土地投入对数	0.005 (0.013)	0.010 (0.012)	0.021 (0.015)	0.030* (0.015)
单位面积劳动投入，取对数	-0.037*** (0.012)	-0.031*** (0.012)	-0.014 (0.013)	-0.006 (0.012)
单位面积资本投入，取对数	-0.054* (0.030)	-0.040 (0.028)	-0.047 (0.031)	-0.040 (0.031)
年龄		0.027*** (0.007)		0.028*** (0.007)

127

续表

变量	小麦		玉米	
	模型（1）	模型（2）	模型（3）	模型（4）
年龄的平方		-0.000^{***} （0.000）		-0.000^{***} （0.000）
受教育年限		-0.003 （0.002）		-0.002 （0.002）
生产经营培训		0.039^{***} （0.013）		0.040^{***} （0.015）
合作社员身份		0.077^{***} （0.017）		0.041^{**} （0.018）
农业劳动人数		0.006 （0.008）		-0.014 （0.009）
土地质量		0.031^{***} （0.006）		0.028^{***} （0.008）
地区变量	已控制	已控制	已控制	已控制
常数项	9.619^{***} （0.258）	8.586^{***} （0.307）	9.531^{***} （0.261）	8.562^{***} （0.377）
样本量	506	506	496	496
R^2	0.162	0.274	0.172	0.238

注：*、**、*** 分别表示在10%、5%、1%的置信水平下显著；表中数值为回归系数和稳健性标准误（括号内）。

首先分析实施"一户一田"对小麦单产的影响。如回归模型（2）所示，实施"一户一田"会使小麦每公顷产出增加4.5%，与假设 H1 相符。通过与大量农户访谈后发现，小麦增产的主要原因是"一户一田"的实施可以有效减少农户路途奔波的无效农业劳动时间，进而促进对小麦的精细化管理、减少"误农时"现象，提升产量。此外，实施"一户一田"时，村组集体对于土地平整、土壤改良、灌溉设施修缮以及农户自身对农田投资的增加也是小麦增产的重要原因。

在要素特征方面，土地投入对小麦单产的负向影响在5%的置信水平下显著,说明随着农户经营规模不断扩大,小麦单位产出会不断减少,农户农业生产经营处于规模报酬递减区域。单位面积劳动投入对小麦单产的影响显著为负,这一点与刘七军等(2011)结论一致,主要是由于农业生产过程中存在劳动力过量投入的情况。而资本对于小麦单产的影响不显著,其原因可能是农户在农业生产中存在较为严重的化肥、农药过量使用的情况。土地面积一定的条件下,过多投入生产要素不一定会提高粮食产量,反而可能对于土壤和周围生态环境产生负面效应,农业生产领域化肥农药的"双降"具有重要的现实意义。

在家庭特征方面,农户年龄对于小麦单产的影响呈现倒"U"形特征,58 岁为拐点年龄①。当户主小于 58 岁时,随着年龄增长,农业生产技术不断提升,小麦单产不断提高;当户主年龄超过 58 岁之后,学习能力逐步下降,很难采用新型种植技术,单位产量便呈现下降态势。接受过生产经营培训的农户比未接受过培训农户单位产量高 3.9%,且在 1% 的置信水平下显著。接受过培训的小麦种植户会有更加精进的种植技术,更有利于提高粮食产量。受教育年限对于单位产量无显著影响,主要是由于学校教授的多为文化课知识,而非农业生产技能,农户生产技能提升主要还是靠农业培训和后期生产实践。农户是否加入合作社对小麦单产的正向影响在 1% 的置信水平下通过显著性检验。参加过农民合作社的农户小麦产量比未参加农户高 7.7%。山东各地均有粮食生产型农民合作社,参与过合作社的农户能够学习到更加精进的种植技术,促进产量增加。此外,合作社通常还会为农户提供一些优质生产资料,例如品质优良、质量可靠的化肥农药等,进而增加粮食单产。在土地特征方面,耕地质量对于小麦单产的正向影响在 1% 的置信水平下显著,这与常识相符。土壤肥力越高,同样的要素投入,必然会有更高的产出。

---

① 在回归模型(2)中,年龄和年龄平方的回归系数分别为 0.026881 和 -0.000233,因此计算可得年龄拐点为 58 岁。

回归模型（4）表明，实施"一户一田"对玉米单产具有显著的正向影响。实施"一户一田"会使玉米每公顷产出增加4.2%，与假设H1相符，增产幅度小于小麦。山东农户在从事小麦种植时，通常会更加精细，而玉米种植大多采取较为"粗犷"的经营模式。实施"一户一田"对于粮食增产作用主要是能够节省无效农业劳动时间，促进农户实行"精耕细作"，避免"误农时"的情况发生。而山东农户对于玉米较为"粗犷"的种植模式即使有了剩余劳动力向其投入也相对较少，因此增产幅度相对有限。农户年龄对于玉米单产的影响呈现倒"U"形特征，58岁为拐点年龄①，与小麦回归结果一致。是否参加生产经营培训、合作社员身份和土地质量对玉米单产的影响与小麦一致。参加过生产经营培训和农民合作社的农户，家中土地质量高的农户玉米单产更高。玉米单位面积劳动投入和单位面积资本投入对产量影响不显著。在玉米种植中，劳动和资本或存在过量投入的问题，农户可以在玉米种植中适当减少投入以降低成本，增加农业收入。

6.5　异质性分析、内生性讨论与稳健性检验

6.5.1　异质性分析

（1）受访者不同工作性质的影响差异

本部分主要分析当受访者工作性质不同时，"一户一田"对小麦单产的影响差异，本章将样本分为受访者仅农业劳作和兼业劳作两组。农业劳作指受访者仅从事农业生产，兼业劳作即除了从事农业生

---

① 在回归模型（4）中，年龄和年龄平方的回归系数分别为0.028159和−0.000243，因此计算可得年龄拐点为58岁。

产之外，受访者还会外出打工，从事非农工作。由表 6-5 回归模型
（1）和模型（2）可知，"一户一田"对农业劳作组小麦单产的影响
通过了显著性检验，与基准回归结果一致，但兼业劳作组回归系数不
显著。说明实施"一户一田"能够明显增加农业劳作组小麦单产，
假设 H2a 得到检验。实施"一户一田"后，受访者仅从事农业劳作
的农户可能会将大多数时间用于农业生产，作物管理会精细化，进而
促进产量提升；而兼业组会把更多时间配置到非农劳动中去，因此产
量增加并不明显。玉米的分组回归结果与小麦保持一致，"一户一
田"对农业劳作组玉米产量的影响通过了显著性检验，但是兼业劳
作组的回归系数不显著，进一步验证了假设 H2a 的真伪。

表 6-5 "一户一田"对农业劳作及兼业劳作农户粮食单产影响的回归结果（a）

变量	小麦		玉米	
	模型（1）	模型（2）	模型（3）	模型（4）
	农业劳作	兼业劳作	农业劳作	兼业劳作
实施"一户一田"	0.058 *** （0.021）	0.038 （0.025）	0.049 * （0.026）	0.017 （0.029）
是否实施"一户一田"×土地投入对数	0.020 （0.017）	0.001 （0.019）	0.035 * （0.020）	0.006 （0.024）
其他控制变量	已控制	已控制	已控制	已控制
常数项	8.419 *** （0.424）	8.941 *** （0.558）	7.702 *** （0.462）	10.379 *** （0.585）
样本量	363	143	357	139
总样本	506		496	
R^2	0.269	0.357	0.256	0.323

注：* 、** 、*** 分别表示在 10% 、5% 、1% 的置信水平下显著；表中数值为回归
系数和稳健性标准误（括号内）。

（2）不同非农劳动人数的影响差异

为分析当家庭非农劳动人数不同时，"一户一田"对小麦单产的
影响差异，本部分将非农劳动人数根据"2 人以下"和"2 人及以

上"分为人少组和人多组。由表 6 - 6 回归（1）和回归（2）可知，"一户一田"对两组小麦单产的影响均通过了显著性检验，但人少组回归系数更大，假设 H2b 得到验证。

表 6 - 6 "一户一田"对不同非农劳动人数农户粮食单产影响的回归结果（b）

变量	小麦		玉米	
	模型（1）	模型（2）	模型（3）	模型（4）
	人少组	人多组	人少组	人多组
实施"一户一田"	0.069 *** (0.022)	0.037 * (0.022)	0.064 ** (0.030)	0.032 (0.027)
实施"一户一田" × 土地投入对数	0.020 (0.017)	0.015 (0.018)	0.034 (0.023)	0.033 (0.023)
其他控制变量	已控制	已控制	已控制	已控制
常数项	8.660 *** (0.495)	8.392 *** (0.387)	8.993 *** (0.554)	8.215 *** (0.521)
样本量	239	267	235	261
总样本	506		496	
R^2	0.327	0.260	0.296	0.224

注：* 、 ** 、 *** 分别表示在10%、5%、1%的置信水平下显著；表中数值为回归系数和稳健性标准误（括号内）。

农村家庭组成结构大多一致，非农劳动力少的家庭通常从事农业劳动力的人数会更多。实施"一户一田"后，非农劳动人数少的农户可能会将大多数时间用于农业生产，使小麦管理更加及时、精细，进而增加小麦单产；而非农劳动人数多的农户可能更加重视非农劳动，因而会将增加的劳动时间更多地投入非农部门，使小麦产量增加效果有限。玉米的分组回归结果与小麦分组回归结果保持一致，"一户一田"对人少组玉米产量的影响通过了显著性检验，但是人多组回归系数不显著，进一步验证了假设 H2b 的真伪。

6.5.2 内生性讨论

虽然本章尽可能控制了影响粮食单产的相关因素,但遗漏变量偏误仍然是基准回归模型潜在内生性问题的重要来源。若不考虑"一户一田"内生性问题,那么基准回归估计出来的"一户一田"和粮食单产的系数只能是两者相互关系,而不是因果关系,故需引入工具变量。

本章选择村干部上任竞选时的支持率①作为工具变量进行两阶段最小二乘(2SLS)估计。选择该工具变量的原因在于:一方面,我们在调研时发现村干部上任时竞选支持率与能否实施"一户一田"高度相关。村干部换届时的支持率越高,说明村干部越有威信和说服力,更容易在实施"一户一田"的过程中劝说不愿意实施的农户服从集体决策,更有能力采取公平公正的措施保障"一户一田"顺利实行。因此村干部上任时支持率越高,越容易带动农户实施"一户一田"。我们曾对实施"一户一田"和未实施"一户一田"村组干部支持率进行了统计。实施"一户一田"村组干部上任时的支持率平均值为 88.42%,显著高于未实施村组干部支持率的平均值 74.13%。很明显,干部支持率越高越可能实施"一户一田"。另一方面,村干部上任时支持率与粮食单产没有直接关系。村干部上任时的支持率是村组实施"一户一田"之前的既定事实,在没有实施"一户一田"之前就已经确定了,不受实施"一户一田"的影响。粮食单产主要与农户家庭特征、要素投入特征和土地特征相关,而且村干部上任时的支持率是村级层面较为宏观变量,相较于个体的粮食单量具有比较强的外生性。村干部现阶段主要职能是从事村级日常管理工作,理论上与每一个农户的粮食单产关系不大。村组干部支持率对比见表 6 - 7。

---

① 支持率 = 总票数/投票总人数

表6-7   村组干部支持率对比

组别	干部支持率（%）
实施组	88.42
未实施组	74.13

　　表6-8为工具变量估计（2SLS）结果。其中，回归模型（1）和模型（3）为第一阶段的估计结果，表明组织实施"一户一田"的村干部上任时的支持率与实施"一户一田"有显著的正相关关系，且第一阶段回归F值远大于临界值，可以认为不存在明显的弱工具变量问题。回归模型（2）和模型（4）为第二阶段估计结果，表明实施"一户一田"对小麦和玉米单产的估计系数仍显著为正，且边际效应比基准回归结果更大，说明前述关于"一户一田"对粮食单产的回归结果可能因为内生性的存在是被低估或保守的。总体上，工具变量估计结果再次表明，实施"一户一田"将显著提高粮食单产。但需特殊说明的是，因为在调研的过程中，部分村组由于村干部上任时间较长，未能通过乡（镇）组织部门或者村干部回忆的方式获取有效数据，造成村干部支持率缺失，因此表6-8样本个数少于基准回归。

表6-8   "一户一田"对粮食单产影响的内生性讨论

变量	小麦		玉米	
	模型（1）	模型（2）	模型（3）	模型（4）
	2SLS 一阶段	2SLS 二阶段	2SLS 一阶段	2SLS 二阶段
实施"一户一田"		0.132 ** (0.056)		0.103 * (0.056)
村干部支持率	0.710 *** (0.103)		0.718 *** (0.102)	
控制变量	已控制	已控制	已控制	已控制
R^2	0.624	0.237	0.633	0.231
样本量	481		474	
工具变量F值	60.985		63.348	

　　注：*、**、*** 分别表示在10%、5%、1%的置信水平下显著；表中数值为回归系数和稳健性标准误（括号内）。

6.5.3 稳健性检验

在实施"一户一田"的村组中，依然有个别农户有 2 块农地[①]；在没有实施"一户一田"的村组中，也有个别农户通过土地互换实现了"一户一田"。两类农户的存在可能影响回归结果准确性。我们把上述两类农户全部剔除后回归，以保证样本的纯粹性。"一户一田"对小麦单产影响的回归结果如表 6 – 9 回归模型（1）所示，"一户一田"对小麦产量的回归系数为 0.046，且在 1% 的置信水平下显著，说明实施"一户一田"能够使小麦单产增加 4.6%，与基准回归结果保持一致。"一户一田"对玉米单产影响的回归结果如回归模型（2）所示，"一户一田"对玉米产量的回归系数为 0.038，且在 10% 的置信水平下显著，即实施"一户一田"能够使玉米单产增加 3.8%，与基准回归结果基本相同。可见，"一户一田"对于小麦和玉米的单位产量具有稳定的正向影响。

表 6 – 9　　　"一户一田"对粮食单产影响的稳健性检验

变量	小麦	玉米
	模型（1）	模型（2）
实施"一户一田"	0.046 *** (0.016)	0.038 * (0.020)
实施"一户一田"×土地投入对数	0.012 (0.012)	0.028 * (0.016)
常数项	8.621 *** (0.316)	8.721 *** (0.379)

----

　① 注：原因是村组中某一大地块面积很难是户均面积的倍数。常见情况是村中农地被一条道路分为两半，路一侧地块面积分给 N 户有剩余，分给 N + 1 户不够，所以就有农户在道路两侧都有农地，此时家中地块数为 2。

续表

变量	小麦	玉米
	模型（1）	模型（2）
样本量	476	467
R^2	0.264	0.220

注：*、**、***分别表示在10%、5%、1%的置信水平下显著；表中数值为回归系数和稳健性标准误（括号内）。

6.6 本章小结

本章基于山东省506个农户微观调查数据，利用C－D生产函数实证研究"一户一田"对粮食单产的影响，并进行了不同农户群体影响的异质性分析。依据调研数据，本章分步进行基准回归，通过异质性分析考察受访农户工作性质和家庭非农劳动人数带来的差别，使用村组干部上任时的支持率作为工具变量以讨论内生性，通过子样本回归进行稳健性检验。最终得出以下结论：第一，实施"一户一田"会增加粮食单产。逐步回归发现实施"一户一田"与小麦和玉米单产存在稳定的正向关系，即在其他条件不变的情况下，实施"一户一田"使小麦和玉米单产分别提高4.5%和4.2%。第二，实施"一户一田"对不同农户群体影响存在差异，即实施"一户一田"后，受访者仅农业劳作和家中非农劳动力少的农户小麦和玉米单产增幅更大。第三，农户生产经营培训情况、农民合作社员身份、村组土地质量等因素亦对粮食单产有促进作用，参加过生产经营培训、合作社成员和土地质量高的农户粮食单产更高。

基于上述研究结论，从以下多个方面提出相关政策建议：第一，尊重农民意愿，允许基层实施"一户一田"。目前，全国范围内农村土地二轮延包在即，不妨借此机会给予村组和农户更多自主权，允许农户在适宜地区通过土地调整实现"一户一田"（张成鹏，2022），达到提高粮食产量，保障国家粮食安全的目的。第二，重视对不同农户的影响差别，因地制宜分类实施。实证结果表明"一户一田"对不同农户的粮食单产影响存在差异。地方政府应优先考虑在以农业为主的村组实施"一户一田"，并给予资金支持，进而更好地发挥实施效果，降低粮食生产成本。第三，加强农技培训，优化村组生产条件。一方面，要持续加强对于农户的生产经营培训，帮助农户引入高产品种，提高种植技能，增加粮食产量；另一方面，政府要加强财政投入，持续推进高标准农田、农田水利、农业机械化等现代农业基础设施建设，改善农业生产条件，夯实粮食生产基础。

第7章 "一户一田"对农户
非农就业的影响

本章主要基于山东省 2 地市 6 县（市、区）506 个农户的调查数据，研究"一户一田"对非农就业的影响，并在此基础上进一步分析其对非农收入的作用。结构安排如下：第一部分，引言，表明研究"一户一田"对农户非农就业影响的意义。第二部分，理论分析与研究假说，分析"一户一田"对种植户和流转户两类人群非农就业的影响路径，并提出研究假说。第三部分，变量选择与模型设定。第四部分，实证结果与分析，基准回归分步进行；异质性分析主要考察"一户一田"对不同经济关联程度农户的影响差异，内生性讨论使用村组干部上任时的支持率作为工具变量，稳健性检验通过子样本回归、替换被解释变量和细化地区控制变量进行。第五部分，主要考察"一户一田"对农户非农就业质量的影响。第六部分，本章小结。

7.1 引　　言

随着中国城镇化持续推进，非农经济逐渐兴起，大量农民外出就业创业，从事非农劳动。农民家庭收入来源的非农占比也由 1990 年的 24.4% 上升到 2020 年的 64.5%，成为农村居民收入的主要来源①。增加非农劳动时间,实现非农劳动转移,进而增加非农收入也就成为"民之所望"。然而,我国农地细碎化现状却会束缚农业劳动力(张成鹏等,2021),迫使农户必须将一定的时间配置到农业劳动中去,影响了农民外出打工就业和非农经营,阻碍了农民收入提高和共同富裕。因此,山东、安徽、陕西和河南等地一些村组借助当地土地大调整和土地确权登记颁证等契机,通过自发组织实施"一户一田"以期破解农地细碎化难题,达到提高劳动生产效率,解放农业劳动力的目的。

"一户一田"在各地方兴未艾的同时引发了学术界的诸多关注,很多学者对其实施效果进行了评估,但依旧有较大扩展空间。第一,鲜有关于"一户一田"、农地细碎化和规模化对于非农就业影响的实证研究。大量实地访谈资料表明,农民实施"一户一田"的初衷是提高生产效率,省时省工,进而减少农业劳动时间投入(张成鹏等,2021)。那么农户从农业部门中释放出的劳动力能否转为非农就业?抑或用于家庭照料和生活闲暇?第二,现有文献表明非农就业明显受到人力资本、社会资本和外部经济环境等多方面因素的影响(Zhao,1999b;Hare,1999;张广胜等,2015;许庆等,2017;陈江华等,2020;王卫东等,2020),那么"一户一田"对非农就业的影响是否会因个体特征不同而存在差异?第三,如果"一户一田"能够促进非农就业,那么是否会通过非农就业增加农户非农收入,增加幅度如何?这些问题均有待进一步深入研究。为回答上述问题,本章运用山东省506个农户的微观调查数据,实证检验"一户一田"对农户非农就业影响,并深入分析不同农户非农就业影响的异质性,明晰"一户一田"对非农收入的间接作用,进而为促进我国农民非农劳动力转移,增加非农收入,进一步释放土地制度改革红利提出政策建议。

---

① 数据来源于《中国统计年鉴》,非农收入(包括工资性收入、转移性收入和财产性收入等)。

7.2 理论分析与研究假说

通过查阅文献以及农户大量访谈发现，"一户一田"主要通过两条路径影响非农就业。

一是提高农户生产效率，优化劳动力配置。细碎农地会束缚农业劳动力。要素转移时，地块细碎使农户在生产要素转移过程中消耗大量时间，农业机械设备在地块间的运输时间甚至超过其在地块上的作业时间。机械作业时，地块细碎可能会导致耕、种、防、收等农业生产环节难以大型机械化作业，损时耗力。农田灌溉时，每个地块都需要等待机井、挪动灌溉设备，灌溉时间成倍增加。"一户一田"可以实现地块集中，农户耕种、灌溉、施肥、除草、灭虫和收割等作业一次性即可完成，省时省工。此外，"一户一田"还可以促进农业外包服务采纳（胡新艳等，2018），释放农业劳动力。

二是整合土地细碎产权，促进土地流转。细碎农地会提高土地流转成本，造成交易困难。对土地转入方来说，目标地块所属的不同农户对土地的流转意愿、目标价格及依赖程度各不相同，承租者需要与其一一协商，促使流转难度加倍提升（邱书钦，2017）。对土地转出方来说，若相邻地块农户没有流转意愿，流转价格可能因土地无法连片而降低，甚至失去土地流转机会。但实施"一户一田"后，地块连片方便农户将土地转出，减轻了土地对农户的牵绊，释放农业劳动力。释放的农业劳动力究竟会用于家庭照料、日常休闲，还是会用于非农就业呢？刘易斯（1954）认为，工业部门的生产效率和工资水平显著高于农业部门，因此工资水平差异会促使农业剩余劳动力流向非农部门，直到实现两部门的生产效率均等。所调研的德州市和济宁市经济发展水平在全国范围内中等偏上，县域内工程建设等劳动密集型产业的就业机会较多。两市毗邻京沪线，依靠铁路和公路网络，农户也可以选择前往北京、上海和天津等地打工,获得更高的劳动报酬。而教育、医疗和养老成本的提高,会促使农户非农就业意愿比较强烈。据此该文提出以下假设。

H1:在其他条件相同的情况下,实施"一户一田"会增加农户非农就业人数。

"一户一田"对农户非农就业人数的影响或因农户经济关联程度差别而不同,具体机理详见图7-1。本章中农户经济关联程度是指农户获取非农就业机会的难易程度,用农户所在城市经济发展水平和村庄距离县城远近来表示。若农户所处的地级市经济发展水平较高,非农就业机会势必更多,那么农户实施"一户一田"后节省的劳动力更易于向非农部门转移。县城是大多数农民理想打工地,方便往返且工资处于县域较高水平。若农户所在村庄距离县城较近,作为最有可能从纯农业生产转向兼业劳动的女性和老年人群体,实施"一户一田"后大概率会在县城从事简单的非农劳动。但若农户所在村庄距离县城较远,他们可能因怕耽误家庭照料而放弃非农就业机会(见图7-1)。据此该文提出以下假设。

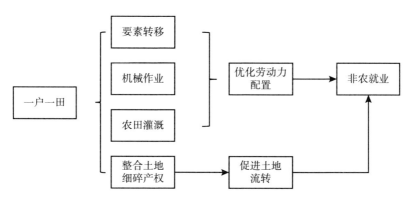

图7-1 "一户一田"对非农就业的影响机理

H2a:实施"一户一田"后,经济发展水平更高的城市,其农户非农就业人数增加更多。

H2b：实施"一户一田"后，所在村庄距离县城更近的农户，非农就业人数增加更多。

7.3　变量选择与模型设定

7.3.1　变量选择与说明

（1）被解释变量

受访农户家庭中非农就业人数，单位为人。

（2）解释变量

实施"一户一田"。因担心农户对"一户一田"变量把握不准，故此变量由村级问卷获取，对农户不再询问此问题。

（3）控制变量

控制变量包括受访者个人、家庭和地区特征变量，具体说明见表7-1。个人特征包括年龄、性别、健康状况、教育年限和生产经营培训等。在年龄方面，与年轻劳动力相比，老龄劳动力的身体状况、知识体系、认知能力和学习能力相对较差，在非农就业信息获取和知识技能等方面处于弱势地位。此外，农户外出经营大多从事工程建设等劳动密集型工作，在满足工作年龄的情况下，年龄越小越容易获得非农收入高的工作，家庭的非农劳动人数可能也就更多。在性别方面，"男主外女主内"思想盛行，受访者为男性的农户可能家庭中男性劳动力更多，非农劳动人数也就可能更多。在健康状况方面，健康程度越高越有利于从事劳动密集型的非农工作。在受教育年限方面，受教育年限可以帮助农户在技术含量更高的工作中就业，进而增加非农劳动人数。在非农经营培训方面，基层政府会针对农户进行电子商务等方面的培训，经历过培训的农户在求职时更容易获得非农工作。

表 7 – 1		变量定义与说明
变量	变量定义	变量说明
被解释变量	农户家庭非农就业人数	农户家庭中从事非农就业并获得收入的人数
解释变量	实施"一户一田"	1 = 实施,0 = 未实施
个人特征	年龄	受访者年龄:岁
	性别	受访者性别:1 = 男,0 = 女
	健康状况	受访者自评健康状况:1 = 差,2 = 中,3 = 好
	教育年限	受访者受教育年限:年
	生产经营培训	受访者是否参与过生产经营培训:1 = 是,0 = 否
家庭特征	家庭成员数量	农户家庭总人口数:人
	家中是否有干部	1 = 没有,2 = 村干部,3 = 乡镇干部,4 = 县级或以上干部
	承包地面积	村集体分配到户的承包地面积:公顷
地区特征	地区	市级虚拟变量

家庭特征包括家庭成员数量、家中是否有干部和承包地面积。家庭成员数量越多,也就有可能有更多农户从事非农劳动。家中有干部的农户通常具有丰富的信息获取渠道,可能更容易增加家人外出打工的机会。家庭承包地面积越少,农户越难通过农业劳动维持自家生活,也可能会有更强烈的外出就业需求,因而非农就业人数更多。

地区特征变量是指市级虚拟变量。不同城市的经济发展水平和乡村交通状况,可能会影响当地农户非农就业的难易程度。

7.3.2 模型设置

为检验实施"一户一田"对农户非农就业的促进作用,设置具体公式为:

$$Y_i = \beta_0 + \beta_1 + TRE_i + \beta_2 CON + \varepsilon_i \qquad (7-1)$$

其中，Y_i表示农户家庭非农就业人数，TRE_i为解释变量，即实施"一户一田"。CON为控制变量，包括个体特征、家庭特征和地区特征变量等，以尽可能减少遗漏变量引致的偏误。β_0为常数项，β_1、β_2为解释变量的系数，ε_i为随机扰动项。为避免异方差问题和增加数据可比性，该文将承包地面积进行取对数处理。

7.4 实证结果分析

7.4.1 数据来源与描述性统计

（1）数据来源

调研团队在山东省出现"一户一田"实践探索的德州和济宁两市的6个县（市、区）寻找到24个实施"一户一田"的村组，并在实施"一户一田"村组附近选择与实施组毗邻，土地质量、气候条件、人口数量和经济发展状况等条件基本相同但未实施"一户一田"的村组24个。每个村组随机抽样调查5～15个农户。问卷数据收集工作于2020年8月至10月完成，得到有效问卷506份。

（2）农户基本情况的描述性统计

表7-2是对农户基本情况的描述性统计。受访人年龄最大为81岁，最小为34岁，平均年龄约60岁，农村老龄化现象明显，大多年轻人外出打工，在家留守人员以老人为主，说明非农就业对于农村劳动力具有较强的吸引力。受访人性别均值约为0.62，男性比例略高。户主大多由农村男性担任，采访时多数农户会尽量推荐男性户主接受问卷调查。农户自评健康状况均值约为2.57，处于好和中两档之间，整体较好的健康状况能够满足非农部门单位用人需求。生产经营培训的均值约为0.25，说明虽然地方政府着重加强对于农户的技能培训，

但接受过生产经营培训的农户依旧较少，农村相关技能培训还有较大的提升空间。样本户家庭成员数量均值为 4.43 人，而承包地面积均值为 0.37 公顷，若家庭成员全部从事粮食种植，收入难以满足生活需要，可能要通过非农就业来保证生活需求。家庭中有干部的均值约为 1.20，一定程度上说明家庭有干部的比例相对较低，大多数农户或许很难通过社会资源获取更好的非农就业机会。

表 7 - 2 变量描述性统计

变量	样本量	平均值	标准差	最小值	最大值
农户家庭非农就业人数	506	1.51	1.21	0	9
年龄	506	59.93	8.91	34	81
性别	506	0.62	0.49	0	1
自评健康状况	506	2.57	0.68	1	3
受教育年限	506	6.41	3.59	0	16
生产经营培训	506	0.25	0.43	0	1
家庭成员数量	506	4.43	2.01	1	15
家中是否有干部	506	1.20	0.47	1	4
承包地面积	506	0.37	0.23	0.47	3.57

（3）非农就业人数的对比

表 7 - 3 反映了实施"一户一田"两类农户的非农就业人数的差异。未实施"一户一田"农户的非农就业人数均值为 1.39 人；实施"一户一田"村组农户的非农就业人数均值为 1.64 人，通过了均值相等的 t 检验，说明实施过"一户一田"村组的非农就业人数更多，与假设相符。后续将在加入控制变量基础上实证分析，以期得到更加稳健的结论。

表 7 - 3   非农就业人数对比分析

组别	未实施"一户一田"		实施"一户一田"		均值相等 t 检验显著性
	均值	标准差	均值	标准差	
非农就业人数（人）	1.39	1.11	1.64	1.29	0.01

7.4.2　回归结果讨论

通过多元回归分析可知（见表 7 - 4）。多重共线性检验表明方差膨胀因子（VIF）均小于 2，远小于 10，自变量之间不存在明显的共线性问题。为避免异方差造成估计结果偏误，模型进行稳健标准误处理。该部分在增减控制变量基础上关注"一户一田"对非农就业人数影响的显著性，模型（1）中仅加入实施"一户一田"变量，模型（2）~ 模型（4）分别引入个人特征、家庭特征和地区特征变量后回归，随着控制变量增多，R^2 逐渐变大，模型解释力度逐渐增强。以下分析是基于模型（4）的结果。在其他条件不变的情况下，实施"一户一田"在 1% 的置信水平下正向影响农户非农就业人数，假设 H1 得到验证。实施"一户一田"后，土地细碎化问题得以化解，一方面农业劳动效率提高；另一方面土地流转更加顺畅，农业劳动力进一步释放。考虑到农业生产活动的收益率远低于非农生产活动，理性农户会把更多时间配置到非农劳动中去，实现非农劳动转移，家庭中的非农就业人数随之增多。

表 7 - 4   "一户一田"对农户非农就业人数影响的回归

变量	模型（1）	模型（2）	模型（3）	模型（4）
实施"一户一田"	0.246 ** (0.107)	0.229 ** (0.107)	0.256 *** (0.081)	0.267 *** (0.081)
年龄		0.002 (0.006)	− 0.005 (0.005)	− 0.004 (0.005)

续表

变量	模型（1）	模型（2）	模型（3）	模型（4）
性别		−0.314 ** （0.125）	−0.180 * （0.104）	−0.192 * （0.104）
自评健康状况		0.224 *** （0.075）	0.170 *** （0.055）	0.174 *** （0.055）
受教育年限		0.020 （0.019）	0.004 （0.015）	0.004 （0.015）
生产经营培训		0.063 （0.131）	0.052 （0.097）	0.053 （0.097）
家庭成员数量			0.372 *** （0.035）	0.365 *** （0.037）
家中是否有干部			−0.056 （0.074）	−0.053 （0.073）
承包地面积			0.177 ** （0.074）	0.207 ** （0.081）
地区				已控制
常数项	1.392 *** （0.069）	0.759 * （0.451）	−0.564 （0.378）	−0.652 * （0.386）
样本量	506	506	506	506
R^2	0.010	0.042	0.479	0.480

注：*、**、***分别表示在 10%、5%、1%的置信水平下显著；表中数值为回归系数和稳健性标准误（括号内）。

受访者性别对非农就业人数的影响通过显著性检验，即受访者为男性的家庭非农劳动人数更少，与假设相反。或因农村家庭男女组成基本相同。若男性接受访谈，说明该男性很可能主要从事规模化农业种植等务农工作，因此家庭外出非农就业人数较少。受访者自评健康状况对非农就业人数具有正向影响。大多数非农工作对于身体状况都有一定要求，受访人身体状况较好将会明显增加农户从事非农就业的可能性，家庭非农就业人数也就更多。

家庭成员数量对非农就业人数的正向影响通过显著性检验。现在农业劳动所需劳动力数量相对有限，随着农业机械化水平不断提高，大多数情况下 1~2 人即可满足农户生产生活需要。家庭成员数量越多，自然从事非农就业的人数就会越多。承包地面积对非农就业人数的影响通过显著性检验，与最初假设存在一定差异。土地是按照人口多少进行分配，承包地面积越大，家庭人口和非农就业人数可能也就越多。

受访者年龄、受教育年限、是否接受过生产经营培训、家中是否有干部对非农就业人数没有显著影响。虽然受访者年龄越小、受教育年限越长、接受过生产经营培训的农户可能在非农劳动力市场上更具有比较优势，能够加大他们从事非农就业的可能性，但这些因素的影响不足以实现非农劳动人口以人为单位的"跳跃式"增加。家中是否有干部对非农就业人数的影响也不显著，干部对于农户非农就业作用有限。

7.5 异质性分析与内生性讨论

7.5.1 异质性分析

本章中农户经济关联程度是指农户获取非农就业机会的难易程度，用农户所在城市经济发展水平和所在村庄距离县城的远近来表示。通常农户经济关联程度越高，非农就业机会越多，农户非农就业的人数也就越多。首先，将农户分为德州市和济宁市两组，考察"一户一田"对不同城市农户的影响差异。表 7-5 中模型（1）和模型（2）分别为"一户一田"对不同城市农户的回归结果。"一户一田"对德州和济宁两市的回归系数均为正，但济宁市回归系数显著，德州市不显著。根据 2021 年山东省 GDP 排名，济宁市经济发展水平更高，非农就业机会更多，因此实施"一户一田"后农户非农劳动人数增加更多，假设 H2a 得到验证。而德州市由于经济发展水平相对落后，即使实施"一户一田"会节省劳动力，非农部门也很难将这些劳动力完全吸纳，农户只能选择将节约的劳动力用于家庭照料或者休闲，因此回归结果不显著。

表 7-5   "一户一田"对不同经济关联程度农户影响的回归

变量	模型（1）德州市	模型（2）济宁市	模型（3）近距离组	模型（4）远距离组
实施"一户一田"	0.129 (0.138)	0.343*** (0.102)	0.368*** (0.127)	0.168 (0.104)
常数项	-0.106 (0.582)	-0.879* (0.497)	-0.293 (0.539)	-1.260** (0.594)
样本量	188	318	224	282
总样本	506		506	
R^2	0.511	0.471	0.471	0.508

注：*、**、***分别表示在 10%、5%、1% 的置信水平下显著；表中数值为回归系数和稳健性标准误（括号内）。

其次，考察"一户一田"对于村庄与县城不同距离农户的影响差异。本章将农户根据村庄距离县城远近分为近距离和远距离两组，近距离是指农户所在村庄和县城的距离在 10 千米以内，远距离是指农户所在村庄和县城的距离大于 10 千米，然后进行分组回归。实证结果如表 7-5 中的模型（3）和模型（4）所示，近距离组回归系数显著，远距离组不显著，假设 H2b 得到验证。说明若农户所在村庄距离县城的距离较近，在实施"一户一田"后，节省的劳动力更容易向非农部门转移，此时农户不仅可以照顾家庭，还可以较为容易地实现家庭和工作之间的通勤，增加家庭非农劳动人数。若农户所在村庄距离县城太远，农户外出非农劳动时在家庭和工作地点之间往返会较为困难，很可能会影响家庭照料（例如做饭和接送子女上学），进而放弃非农就业机会。

7.5.2 内生性讨论

虽然本章尽可能控制了影响农户非农就业的相关因素，但遗漏变量仍然是内生性问题的重要来源。此外，实施"一户一田"与农户非农就业人数可能存在互为因果的关系。即虽然"一户一田"是村组干部带领村民通过表决形式自发实施，但非农就业人数多的农户更可能通过实施"一户一田"促进非农转移。若不考虑"一户一田"内生性问题，基准回归估计出来的结果只是两者相互关系，而不是因果关系，故需引入工具变量。

本章选择村干部上任竞选时支持率作为工具变量进行估计。选择该工具变量的原因在于：一方面，村干部换届时的支持率越高，越容易在实施"一户一田"的过程中劝说不愿意实施的农户服从集体决策，保障"一户一田"顺利实施。另一方面，农户非农就业人数主要与农户个人特征息息相关，而村干部上任时的支持率是村级层面较为宏观变量，相较于个体农户的非农就业人数具有比较强的外生性。现阶段村干部的主要职能是从事村级日常管理工作，其支持率理论上与每一个农户非农就业人数关系不大。表7-6模型（1）和模型（2）为工具变量估计（2SLS）结果，其中，模型（1）结果显示，组织实施"一户一田"的村干部上任时的支持率与实施"一户一田"有显著的正相关关系，且第一阶段回归F值远大于临界值，可认为不存在明显的弱工具变量问题。第二阶段估计结果显示，实施"一户一田"估计系数仍显著为正，且边际效应比基准回归结果更大，说明前述关于"一户一田"对非农就业人数的影响是有所低估的。工具变量估计结果再次表明，实施"一户一田"将显著增加非农就业人数。调研中，部分村组由于村干部上任时间较长，未能获取村干部支持率数据，故表7-6中模型（1）和模型（2）的样本个数少于基准回归。

表7-6 "一户一田"对农户非农就业人数影响的内生性讨论

变量	模型（1）	模型（2）
	2SLS 一阶段	2SLS 二阶段
实施"一户一田"		0.379 * （0.223）
村干部支持率	0.890 *** （0.117）	
控制变量	已控制	已控制
R^2	0.233	0.488
样本量	481	
工具变量 F 值	70.863	

注：＊、＊＊、＊＊＊分别表示在10%、5%、1%的置信水平下显著；表中数值为回归系数和稳健性标准误（括号内）。

7.6 "一户一田"对非农就业质量的影响分析

数量和质量是衡量非农就业的两个维度。若"一户一田"对非农就业收入的影响系数大于非农就业人数的影响系数，说明"一户一田"不仅可以通过增加非农就业人数影响非农收入，可能还会通过提升非农就业质量影响非农收入，即实施"一户一田"可以促进农民从事质量更高即收入更高的工作。实施"一户一田"之前，农民只能在当地及周边区域打工，收入相对较低；但是"一户一田"实施以后，农民可以前往北京、上海、广州等较远但收入更高的地区从事非农劳动，即"一户一田"的实施提升了农民就业质量。鉴于数据可得性，该部分通过研究"一户一田"对非农收入的作用，反证其对非农就业质量的影响。为避免异方差并增加数据可比性，且考虑部分农户家庭非农收入为0的实际情况，对其非农收入进行加1后取对数处理。

回归结果如表7-7所示。模型（1）为实施"一户一田"对非农劳动人数的回归结果，模型（2）和模型（3）为实施"一户一田"对非农就业收入的回归结果，区别在于是否纳入非农就业人数进行回归。模型（1）表明，实施"一户一田"对非农就业人数具有显著的正向影响，即"一户一田"可以增加非农就业人数。模型（2）表明，实施"一户一田"对非农收入有显著影响，且影响系数远大于模型（1），说明还可能有非农就业质量等其他因素共同影响非农收入。模型（3）表明，加入非农就业人数变量后，实施"一户一田"和非农劳动人数均对农户非农收入具有显著正向影响，说明非农劳动人数在"一户一田"促进非农收入方面具有部分中介效应，即实施"一户一田"增加了部分非农收入，反证了"一户一田"可能通过提升非农就业质量影响非农收入。

表7-7　　　　　"一户一田"对非农质量影响的回归

变量	模型（1）非农劳动人数	模型（2）非农收入	模型（3）非农收入
实施"一户一田"	0.267 *** (0.081)	0.903 *** (0.319)	0.509 * (0.295)
非农劳动人数			1.478 *** (0.243)
控制变量	已控制	已控制	已控制
常数项	-0.652 * (0.386)	6.105 *** (1.562)	7.070 *** (1.422)
R^2	0.480	0.395	0.483
样本量	506	506	506

注：*、**、***分别表示在10%、5%、1%的置信水平下显著；表中数值为回归系数和稳健性标准误（括号内）。

7.7 本章小结

本章基于山东省 506 个农户微观调查数据,实证研究"一户一田"对农户非农就业的影响,最终得出以下结论:第一,实施"一户一田"会显著增加农户非农就业人数。第二,实施"一户一田"对经济关联度高的农户非农就业作用存在差异,即地区经济发展水平高、村庄距离县城近的农户实施"一户一田"后非农就业人数增加更为明显。第三,实施"一户一田"可能在增加非农就业人数的同时提升非农就业质量。

基于以上分析,提出三点政策建议:第一,推广实施"一户一田",促进农民非农就业。全国范围内农村土地二轮承包即将到期,不妨借此机会给予村组和农户更多自主权,允许农户在适宜地区通过土地调整实现"一户一田",促进农户非农就业(张成鹏等,2020)。第二,加强创业就业培训,增强农民非农就业渠道。地方政府可以增强非农就业技能培训,实行劳动力定向输出,尽可能增加非农就业人数。第三,因地制宜,鼓励部分地区优先实施。不同农户实施"一户一田"对非农就业的促进作用存在一定差异。计划实施"一户一田"的地区可以充分做好前期调研,同时鼓励经济关联度高的农户所在地区优先实施推进,更好地释放土地制度改革红利。

第8章 研究结论和政策建议

本章主要对前面章节的研究结论进行提炼，并提出相关政策建议，以期为今后农地细碎化治理和农村土地二轮延包工作提出政策建议。最后，总结了本书不足之处并对有关研究主题后续进行了展望。

8.1 研究结论

（1）"一户一田"形成机理、运行机制、原因效果和障碍困境

"一户一田"诱致性制度变迁能够发生主要是因为农户预期收益大于成本。在农户预期收益方面，"一户一田"能够优化人力资源配置增加非农收入、实现地块整合促进土地流转、破除农业投资制约因素增加农业收入。在农户预期成本方面，"一户一田"的预期经营成本显著降低、组织实施成本负担较轻、环境阻滞成本基本为零。

"一户一田"能够顺利实施是由于内部良好的运行机制。一方面，因为干部威信较高，可以说服个别农户服从集体利益；另一方面，通过地力平衡和地块划分的办法可以保证实施方案公平公正。

"一户一田"整体实施效果符合预期。不仅可以实现降低种植成本、增加粮食产量、增加耕地面积和非农收入的作用，还能起到稳定地权的效果。

"一户一田"实施过程中会面临制度障碍和现实困境。在制度障碍

方面，"一户一田"面临土地调整的合法性问题，使很多基层干部望而却步。在现实困境方面，"一户一田"还面临所在地区适宜性、实施方案完善性和部分村民不支持的情况，需要进一步优化实施方案。

（2）农户"一户一田"实施意愿及主要影响因素

理论分析结果表明：村组内土地禀赋差异会明显提高"一户一田"实施成本，进而影响"一户一田"实施意愿。计量模型估计结果表明：①388 个农户表示愿意实施"一户一田"，占比 82.91%，实施意愿均值达到 0.83，较为强烈。②村组内土地禀赋差异对农户"一户一田"实施意愿具有负向影响，即村组内土壤肥力、排水能力和灌溉条件存在差异村组的农户"一户一田"实施意愿相对更低。③地块数量、距家均距离、年龄、非农收入占比、是否信任干部对"一户一田"实施意愿有显著正向影响，块均面积、家庭规模对"一户一田"实施意愿有显著负向影响。

（3）"一户一田"满意度及主要影响因素

理论分析结果表明：实施"一户一田"后地块数量会影响"一户一田"的满意度。计量模型估计结果表明：①大多数农户对"一户一田"持"非常满意"或"比较满意"态度，满意度评价平均得分为 4.68，介于"比较满意"和"非常满意"之间，处于很高水平。②地块数量对农户"一户一田"满意度具有显著的负向影响，即实施"一户一田"后，地块数量将会降低农户对"一户一田"的满意度。③其他因素对"一户一田"满意度无显著影响，即不同特征农户"一户一田"满意度并无明显区别。

（4）"一户一田"对生产成本的影响

理论分析结果表明：由于粮食生产过程中要素转移成本、生产作业成本和生产设施投资的不可分性，实施"一户一田"后粮食生产成本会显著降低。计量模型估计结果表明：①实施"一户一田"可能降低农户单位产量总成本。通过逐步回归发现实施"一户一田"与总成本之间存在稳定的负向关系，即在其他条件不变的情况下，实施"一户一田"会降低粮食总成本。②实施"一户一田"对不同分项成本影响存在差异。说明实施"一户一田"后，农户和机械不必在不同地块之间奔波劳作，农业劳动时间和机械交通时间将会明显减少，单位产量人工成本和机械成本因此降低，但单位产量土地成本和农资成本并无显著影响。③实施"一户一田"对不同地区生产成本影响存在差异。"一户一田"在德州市和济宁市的效果存在一定差异，说明"一户一田"效果发挥可能和地方的土地禀赋状况、生产资料价格、社会化服务组织的发展程度存在一定关联。

（5）"一户一田"对粮食单产的影响

理论分析结果表明："一户一田"的实施会使农户优化劳动力配置利于精细化管理、促进要素投入增加生产能力、改进生产条件奠定增产基础三条路径影响粮食产量。计量模型估计结果表明：①实施"一户一田"可能增加粮食单产。逐步回归发现实施"一户一田"与粮食单产存在稳定正向关系，即在其他条件不变的情况下，实施"一户一田"会提高粮食单位面积产量。②实施"一户一田"对不同农户群体影响存在差异，即实施"一户一田"后，受访者仅农业劳作和家中非农劳动力少的农户粮食单产增幅更大。③农户生产经营培训情况和村组土地质量等因素亦对粮食产量有促进作用，参加过生产经营培训和土地质量高的农户粮食单产更高。

（6）"一户一田"对非农就业的影响

理论分析结果表明："一户一田"实施后可以提高种植户生产效率、降低流转户的流转难度，进而增加农户非农就业人数。计量模型估计结果表明：①实施"一户一田"可以提高农户非农就业人数。通过逐步回归发现实施"一户一田"与非农就业人数之间存在稳定的正向关系。②实施"一户一田"对不同农户影响存在差异。实施"一户一田"后，经济关联度高的农户非农就业人数增加更为明显。即地区经济发展水平高、村庄距离县城近的农户实施"一户一田"后非农就业人数增加更为明显。进一步分析表明："一户一田"还可以提升农户非农就业质量。

8.2 政策建议

（1）借助二轮延包契机，允许基层探索实践

安徽凤阳小岗村村民通过自发探索，开启了家庭联产承包责任制的先河，极大地促进了农业生产力的发展。农民自发通过土地调整方式实现"一户一田"看似一定程度上违背了相关政策规定，但却能满足农民解决农地细碎化问题，改善农业生产条件的迫切心愿。目前，全国农村土地二轮延包在即，各地在讨论二轮延包工作方案。村集体应充分发挥农村土地集体所有制的优越性，缓解农地细碎化等环境约束问题（栾健等，2021）。中央政府不妨借此机会给予村组和农户更多自主权，充分尊重"村民会议三分之二以上或三分之二以上的村民代表同意"的决策方式，允许在农户实施意愿强烈的村组通过土地调整实现"一户一田"，改善农地细碎格局，进一步释放土地制度改革红利（张成鹏等，2020）。基层政府可以在局部范围选择村庄进行"一户一田"试点，先行先试。通过3~5年试点工作，研究评估"一户一田"实施效果，论证实行可行性，并制订适合本地区的实施方案，为更好地治理农地细碎化问题，优化农村土地二轮延包方案提供决策参考。

（2）因地制宜，鼓励部分地区优先实施

第一，充分考虑地形地貌等地理因素。"一户一田"会将地块进行整合，一定程度上增加种植风险。本书的研究对象是山东省平原地区的农户，可行性比较强，但是山区丘陵地区是否适合实施还要进一步讨论，谨慎行事。第二，充分考虑农民意愿和满意度。农户地块数量、距家均距离、块均面积、年龄、非农收入、家庭规模、是否信任干部都是影响农户"一户一田"实施意愿的重要因素，实施后农户

地块数量也会显著影响农户"一户一田"满意度。因此,地方政府实施"一户一田"不宜一刀切,应当在深入了解当地农户对于"一户一田"的实施意愿和满意度情况下,有针对性地实施。第三,切实考虑不同农户实施效果的异质性。"一户一田"实施后对粮食产量、生产成本和非农就业的影响存在异质性。考虑前面章节的研究结论,为降低粮食生产成本,可鼓励块均面积小、农机社会化服务组织欠发达地区优先实施;为提高当地粮食产量,可鼓励以农业为主的村居优先实施;为促进农户非农就业,可鼓励经济关联度高的农户所在地区优先实施。

(3)完善方案,提升"一户一田"效果

第一,多项改革综合实施。土地流转、土地整治、土地确权等多项工作与"一户一田"相互结合,更能够发挥"1+1>2"的良好效果。地方政府在进行各项改革时不宜单独进行,应当统筹考虑,协调推进,进而更大限度上释放农村制度改革红利。农户所在村组内土壤肥力、排水能力、灌溉条件对"一户一田"实施意愿有较大影响。若地方政府有意向推动地块整合,化解农地细碎化问题,应先着力消除土壤肥力、排水能力、灌溉条件的差异,通过高标准农田改造等项目改进农业生产条件,消除村组内土地禀赋差异,进而增强农户"一户一田"实施意愿。第二,防止农民利益受损。基层干部行为直接影响到群众的切身利益。虽然党的十八大后,村组干部素质明显提升,基层政治生态明显好转,但还是要防止村干部在"一户一田"过程中出现以权谋私的行为。各级政府应持续对村组干部进行监督,提升村组干部素质、规范干部行为,通过"两次抽签法"等合理规则保障"一户一田"更好地实施。

(4)加强培训,拓展农民非农就业渠道

非农收入在农户收入中所占比重越来越大,其增加会显著提升农户福利水平。"一户一田"可以有效释放农村劳动力,但若不能有效实现非农劳动力转移,将影响非农就业的促进效果。政府一方面可以大力发展县域产业，推动农村产业结构升级，为农村提供更多的非农业就业岗位（孙小龙和郭沛，2015）；另一方面着重加强对于农户电商、销售等技能培训，提升农民外出就业技能，并与部分城市签订劳务定向输出协议，保证剩余劳动力顺利有效转移。

参 考 文 献

［1］蔡荣．管护效果及投资意愿：小型农田水利设施合作供给困境分析［J］．南京农业大学学报：社会科学版，2015，15（4）：78-86，134.

［2］陈佳骊，徐保根．基于可转移土地发展权的农村土地整治项目融资机制分析——以浙江省嘉兴市秀洲区为例［J］．农业经济问题，2010，31（10）：53-59.

［3］陈江华，罗明忠，洪炜杰．农地确权、细碎化与农村劳动力非农转移［J］．西北农林科技大学学报（社会科学版），2020，20（2）：88-96.

［4］陈培勇，陈风波．农地细碎化的起因及其影响的研究综述［J］．中国土地科学，2011，25（9）：90-96.

［5］陈振，欧名豪，郭杰，鲁帆，张雪微．农户农地转出满意度影响因素分析［J］．西北农林科技大学学报（社会科学版），2018，18（5）：112-120.

［6］戴超，卢朝阳，张磊．蒙城县推行农村土地互换并块户均"一块田"工作调查研究［J］．农民致富之友，2015（20）：30-31.

［7］丁肇辉．加快土地整合步伐促进农机化发展［J］．新疆农机化，2009（1）：57-58.

［8］方行．中国封建经济论稿［M］．北京：商务印书馆，2004.

［9］高强，孙光林．农地确权能够提高农地产出吗：基于农地细碎化的中介效应实证分析［J］．湖北大学学报：哲学社会科学版，

2020，47（4）：137－146，169.

[10] 高啸，张新文，戴芬园. 家庭经营模式创新与农业现代化的路径选择：基于联耕联种和按户连片实践的思考 [J]. 农村经济，2019（2）：102－109.

[11] 顾天竹，纪月清，钟甫宁. 中国农业生产的地块规模经济及其来源分析 [J]. 中国农村经济，2017（2）：30－43.

[12] 桂华. 论地权制度安排与土地集体所有制实现——兼评"三权分置"改革与《农村土地承包法》修订 [J]. 马克思主义研究，2017（6）：72－81，160.

[13] 桂华. 农民地权诉求与农地制度供给：湖北省沙洋县"按户连片"做法与启示 [J]. 经济学家，2017（3）：90－96.

[14] 郭贯成，丁晨曦. 农地细碎化对粮食生产规模报酬影响的量化研究：基于江苏省盐城市、徐州市的实证数据 [J]. 自然资源学报，2016，31（2）：202－214.

[15] 郭阳，钟甫宁，纪月清. 规模经济与规模户耕地流转偏好——基于地块层面的分析 [J]. 中国农村经济，2019（4）：7－21.

[16] 何秀荣. 关于我国农业经营规模的思考 [J]. 农业经济问题，2016，37（9）：4－15.

[17] 胡新艳，陈小知，米运生. 农地整合确权政策对农业规模经营发展的影响评估——来自准自然实验的证据 [J]. 中国农村经济，2018（12）：83－102.

[18] 黄贤金，尼克·哈瑞柯，鲁尔特·卢本，等. 中国农村土地市场运行机理分析 [J]. 江海学刊，2001（2）：9－15.

[19] 纪月清，顾天竹，陈奕山，徐志刚，钟甫宁. 从地块层面看农业规模经营——基于流转租金与地块规模关系的讨论 [J]. 管理世界，2017（7）：65－73.

[20] 柯文静，周林毅. 茶农对土地流转的满意度评价影响研究 [J]. 黑龙江八一农垦大学学报，2019，31（5）：125－130.

[21] 李福夺, 李忠义, 尹昌斌, 何铁光. 农户绿肥种植决策行为及其影响因素——基于二元 Logistic 模型和南方稻区 506 户农户的调查 [J]. 中国农业大学学报, 2019, 24 (9): 207 – 217.

[22] 李明, 朱金芳, 崔国强, 张春光. 商丘市农村推行"小块并大块、多块变一块"土地流转互换调查与思考 [J]. 河南农业, 2011 (19): 6 – 7.

[23] 李文明, 罗丹, 陈洁, 谢颜. 农业适度规模经营: 规模效益、产出水平与生产成本——基于 1552 个水稻种植户的调查数据 [J]. 中国农村经济, 2015 (3): 4 – 17, 43.

[24] 李寅秋, 陈超. 细碎化、规模效应与稻农投入产出效率 [J]. 华南农业大学学报: 社会科学版, 2011, 10 (3): 72 – 78.

[25] 梁流涛, 许立民. 生计资本与农户的土地利用效率 [J]. 中国人口·资源与环境, 2013, 23 (3): 63 – 69.

[26] 梁伟健, 江华, 王智勇. 广东省农户农地流转状况与经营意愿分析——基于改善农地小规模细碎化的视角 [J]. 南方农村, 2015 (12).

[27] 林万龙. 家庭承包制后中国农村公共产品供给制度诱致性变迁模式及影响因素研究 [J]. 农业技术经济, 2001 (4): 49 – 53.

[28] 林毅夫. 关于制度变迁的经济学理论——诱致性变迁与强制性变迁, 财产权利与制度变迁 [M]. 上海: 三联书店, 1994.

[29] 凌鹏. 近代华北农村经济商品化与地权分散——以河北保定清苑农村为例 [J]. 社会学研究, 2007 (5): 46 – 83, 243 – 244.

[30] 刘莉, 吴家惠, 伍文, 邓良基, 高雪松. 村民对村组织在农村土地综合整治工作中满意度的影响因素研究 [J]. 中国土地科学, 2014, 28 (6): 79 – 83.

[31] 刘七军, 曲玮, 李昭楠. 耕地细碎化对干旱绿洲区作物生产和农户收入影响效应调查分析: 以甘肃省民乐县为例 [J]. 干旱地区农业研究, 2011, 29 (3): 191 – 198.

［32］刘强，刘琦，杨万江.农户土地经营规模对我国水稻生产成本效率的影响分析［J］.中国农业大学学报，2017，22（4）：153－161.

［33］刘小红，陈兴雷，于冰.基于行为选择视角的农地细碎化治理比较分析：对安徽省"一户一块田"模式的考察［J］.农村经济，2017（10）：44－50.

［34］刘新卫，赵崔莉.土地整合探索与农村土地整治反思——以广东省清远市为例［J］.西北农林科技大学学报（社会科学版），2018，18（1）：18－26.

［35］卢华，胡浩，耿献辉.农地细碎化、地块规模与农业生产效益：基于江苏省调研数据的经验分析［J］.华中科技大学学报：社会科学版，2016，30（4）：81－90.

［36］卢华，胡浩.农地细碎化增加农业生产成本了吗？——来自江苏省的微观调查［J］.经济评论，2015（5）：129－140.

［37］卢艳霞，黄盛玉，王柏源，卢丽华.农村土地整治创新模式的思考——基于广西壮族自治区崇左市龙州县"小块并大块"的启示［J］.中国土地科学，2012，26（2）：84－87.

［38］吕挺，纪月清，易中懿.水稻生产中的地块规模经济——基于江苏常州金坛的调研分析［J］.农业技术经济，2014，4（2）：68－75.

［39］栾健，韩一军，高颖.农业生产性服务能否保障农民种粮收益［J］.农业技术经济，2022（5）：35－48.

［40］栾健.农地流转对农地规模经营、生产效率及农地质量保护影响研究［D］.北京：中国农业大学，2021.

［41］罗明忠，黄晓彤，陈江华.确权背景下农地调整的影响因素及其思考［J］.农林经济管理学报，2018，17（2）：194－202.

［42］马艳艳，林乐芬.农户土地流转满意度及影响因素分析——基于宁夏南部山区288户农户的调查［J］.宁夏社会科学，

2015（3）：71－77.

[43] 倪国华，蔡昉.农户究竟需要多大的农地经营规模？——农地经营规模决策图谱研究 [J].经济研究，2015，50（3）：159－171.

[44] 聂鑫，肖婷，缪文慧，沈茜茜，汪晗.欠发达地区农户土地整治满意度及其影响因素 [J].国土资源科技管理，2014，31（6）：18－23.

[45] 牛星，王超，吴冠岑.流转特征、风险感知与土地流转满意度——基于长三角地区1008个农户的调查 [J].农业经济与管理，2020（2）：45－55.

[46] 庞春雨，宋蕊蕊.基于农户满意度的土地整治评估——以黑龙江省友谊县为例 [J].中国农业资源与区划，2021，42（6）：69－77.

[47] 秦立建，张妮妮，蒋中一.农地细碎化、劳动力转移与中国农户粮食生产：基于安徽省的调查 [J].农业技术经济，2011（11）：16－23.

[48] 邱书钦.农村农地细碎化治理及制度变革启示——安徽省怀远县"一户一块田"的实践探索 [J].西部论坛，2017，27（4）：30－36.

[49] 思拉恩·埃格特森.经济行为与制度 [M].吴经邦等译.北京：商务印书馆出版社，2004.

[50] 孙邦群，刘强，邹承东.安徽怀远"一户一田"耕种模式改革与思考 [J].农村工作通讯，2017（1）：57－58.

[51] 孙小龙.产权稳定性对农地流转、投资和产出的影响研究 [D].北京：中国农业大学，2018.

[52] 孙小龙，戴恬茗，吕静.改革开放以来农地产权制度的演进及现状 [J].常熟理工学院学报，2018，32（3）：67－75.

[53] 孙小龙，郭沛.非农就业对农户土地转出行为的影响 [J].

财经科学，2015（11）：121 - 128.

［54］孙新华，周佩萱，曾凡木．农地细碎化的自主治理机制——基于山东省 W 县的案例研究［J］．农业经济问题，2020（9）：122 - 131.

［55］汤鹏主．统筹土地流转与农业产业化发展研究［J］．云南社会科学，2013（6）：81 - 85.

［56］唐轲，王建英，陈志钢．农户耕地经营规模对粮食单产和生产成本的影响：基于跨时期和地区的实证研究［J］．管理世界，2017（5）：79 - 91.

［57］田孟，贺雪峰．中国的农地细碎化及其治理之道［J］．江西财经大学学报，2015（2）：88 - 96.

［58］王海娟，胡守庚．农地细碎化与农地制度的一个分析框架［J］．社会科学，2018（11）：62 - 74.

［59］王海娟，胡守庚．自主治理：一种中国农地细碎化治理模式［J］．中国土地科学，2019，33（7）：40 - 47.

［60］王海娟．农地调整的效率逻辑及其制度变革启示：以湖北省沙洋县农地调整实践为例［J］．南京农业大学学报：社会科学版，2016，16（5）：96 - 103，156 - 157.

［61］王嫚嫚，刘颖，陈实．规模报酬、产出利润与生产成本视角下的农业适度规模经营——基于江汉平原 354 个水稻种植户的研究［J］．农业技术经济，2017（4）：83 - 94.

［62］王山，奉公．中国农地细碎化及其整体性治理问题研究［J］．云南社会科学，2016（1）：17 - 22.

［63］王兴稳，钟甫宁．农地细碎化与农用地流转市场［J］．中国农村观察，2008（4）：29 - 34，80.

［64］王雪琪，邹伟，朱高立，曹铁毅．地方政府主导农地流转对农户转入规模与粮食单产的影响：以江苏省五地市为例［J］．资源科学，2018，40（2）：326 - 334.

[65] 魏程琳. 农地细碎化治理与农地制度变革——基于桂北 F 县农村调研 [J]. 北京社会科学, 2015 (5): 90 – 97.

[66] 文高辉, 杨钢桥. 耕地细碎化对农户耕地生产率的影响机理与实证 [J]. 中国人口·资源与环境, 2019, 29 (5): 138 – 148.

[67] 吴连翠, 谭俊美. 粮食补贴政策的作用路径及产量效应实证分析 [J]. 中国人口·资源与环境, 2013, 23 (9): 100 – 106.

[68] 席莹, 吴春梅. "三权分置"下农地细碎化治理的社会路径及其效果、效益分析——基于"沙洋模式"的考察 [J]. 长江流域资源与环境, 2018, 27 (2): 318 – 327.

[69] 夏显力, 王乐, 赵敏娟, 罗丹. 农地由细碎化走向规模化的制度优化及路径——基于农地经营权资本化的视角 [J]. 西北农林科技大学学报 (社会科学版), 2013, 13 (5): 22 – 28.

[70] 徐靖. 破解承包地"零碎化"瓶颈一户分一块小田变大田 [J]. 农村·农业·农民 (A 版), 2017 (1): 15 – 17.

[71] 许佳彬, 王洋, 李翠霞. 环境规制政策情境下农户认知对农业绿色生产意愿的影响——来自黑龙江省 698 个种植户数据的验证 [J]. 中国农业大学学报, 2021, 26 (2): 164 – 176.

[72] 许庆, 刘进, 钱有飞. 劳动力流动、农地确权与农地流转 [J]. 农业技术经济, 2017 (5): 4 – 16.

[73] 许庆, 陆钰凤. 非农就业、土地的社会保障功能与农地流转 [J]. 中国人口科学, 2018 (5): 30 – 41, 126 – 127.

[74] 许庆, 田士超, 徐志刚, 邵挺. 农地制度、农地细碎化与农民收入不平等 [J]. 经济研究, 2008 (2): 83 – 92, 105.

[75] 许庆, 尹荣梁, 章辉. 规模经济、规模报酬与农业适度规模经营——基于我国粮食生产的实证研究 [J]. 经济研究, 2011, 46 (3): 59 – 71, 94.

[76] 严立冬, 麦瑜翔, 潘志翔, 李立. 农地整治项目农户满意度及影响因素分析 [J]. 资源科学, 2013, 35 (6): 1143 – 1151.

[77] 杨红香, 邹晓蔓, 张成鹏. 我国农地细碎化问题研究评述 [J]. 青岛农业大学学报 (社会科学版), 2022, 34 (2): 26-29, 34.

[78] 杨慧莲, 李艳, 韩旭东. 农地细碎化增加"规模农户"农业生产成本了吗——基于全国776个家庭农场和1166个专业大户的微观调查 [J]. 中国土地科学, 2019, 33 (4): 76-83.

[79] 姚志. 二轮承包到期后农地调整的理论逻辑与社会影响 [J]. 现代经济探讨, 2021 (1): 104-112.

[80] 叶春辉, 许庆, 徐志刚. 农地细碎化的缘由与效应——历史视角下的经济学解释 [J]. 农业经济问题, 2008 (9): 9-15, 110.

[81] 约翰·伊特韦尔、莫里·米尔盖特、彼得·纽曼. 新帕尔格雷夫经济学大辞典 [M]. 陈岱孙, 译. 北京: 经济科学出版社, 1996: 84.

[82] 岳潞潞, 郭迪, 马瑛, 肖含松. 农户土地流转满意度及其影响因素研究——以沙湾县为例 [J]. 天津农业科学, 2018, 24 (8): 25-29.

[83] 张蚌蚌, 郭芬, 黄丹, 王浩阳, 牛文浩, 陈海滨, 孔祥斌, 郧文聚. 陕北"一户一田"和"一组一田"耕地细碎化整治模式与绩效评价 [J]. 农业工程学报, 2020, 36 (15): 28-36.

[84] 张蚌蚌, 牛文浩, 左旭阳, 孔祥斌, 郧文聚, 陈海滨. 广西农民自主型细碎化耕地归并整治模式及效果评价 [J]. 农业工程学报, 2019, 35 (9): 265-274.

[85] 张蚌蚌, 王数. 群众自主式土地整治模式及其效应研究——以新疆玛纳斯县三岔坪村为例 [J]. 经济地理, 2013, 33 (5): 131-136.

[86] 张成鹏, 康宽, 张雅欣, 等. "一户一田"会影响小麦生产成本吗?——基于山东省506个农户的实证分析 [J]. 江苏农业学报, 2021, 37 (6): 1592-1600.

［87］张成鹏，李梦琪，郭沛．全面小康目标下"三农"领域的挑战和优化路径［J］．农业现代化研究，2020，41（5）：737－746.

［88］张成鹏，李梦琪，孙小龙，等．"一户一田"会影响粮食单产吗？——基于山东省506个农户的实证分析［J］．中国农业大学学报，2023，28（4）：257－270.

［89］张成鹏．"一户一田"对农户的经济影响研究［D］．北京：中国农业大学，2022.

［90］张成鹏，张雅欣，王亚军，等．村组内土地禀赋差异会影响农户"一户一田"实施意愿吗——基于山东省468份调查问卷的实证分析［J］．中国农业大学学报，2022，27（5）：280－289.

［91］张晓恒，周应恒．农户经营规模与效率水平不匹配对水稻生产成本的影响［J］．中国农村经济，2019（2）：81－97.

［92］张晓恒，周应恒，严斌剑．农地经营规模与稻谷生产成本：江苏案例［J］．农业经济问题2017（2）：7，53－60.

［93］赵冈．历史上的土地制度与地权分配［M］．北京：中国农业出版社，2003.

［94］赵冈．中国传统农村的地权分配［M］．北京：新星出版社，2006.

［95］赵小睿，张光宏．耕地细碎化背景下农户地块整合分析——以河南省粮食主产县为例［J］．农业技术经济，2018（4）：44－53.

［96］赵阳．共有与私用：中国农地产权制度的经济学分析［M］．北京：生活·读书·新知三联书店，2007.

［97］郑志浩，高杨．中央"不得调地"政策：农民的态度与村庄的土地调整决策——基于对黑龙江、安徽、山东、四川、陕西5省农户的调查［J］．中国农村观察，2017（4）：72－86.

［98］中华人民共和国国家统计局．中国农村统计年鉴［M］．北京．中国统计出版社，2021.

［99］周宗伟. "隧道效应"理论视野下的公众文化冲突现象分析——以中国教育改革的"变态性支持"事件为例［J］. 江苏社会科学，2015（3）：246－251.

［100］Arthur Lewis W. Economic Development with Unlimited Supplies of Labour［J］. e Manchester School, 1954, 22（2）：139－191.

［101］Besley, T., Property Rights and Investment Incentives: Theory and Evidence from Ghana［J］. *Journal of Political Economy*, 1995, 103（5）：903－937.

［102］Coase, R. H., The Problem of Social Cost［J］. *Journal of Law and Economics*, 1960（3）：1－44.

［103］Falco, D. S., I. Penov, A. Aleksiev, et al. Agrobiodiversity, Farm Profits and Land Fragmentation: Evidence from Bulgaria［J］. *Land Use Policy*, 2010, 27（3）：763－77.

［104］Laure, L. and P. Laurent, Does Land Fragmentation Affect Farm Performance? A Case Study From Brittany, France［J］. *Agricultural Systems*, 2014（129）：68－80.

［105］Nguyen, T., E. Cheng and C. Findlay. Land Fragmentation and Farm Productivity in China in the 1990s［J］. *China Economic Review*, 1996（7）：169－180.

［106］Rahman, S. and M. Rahman. Impact of Land Fragmentation and Resource Ownership on Productivity and Efficiency: The Case of Rice Producers in Bangladesh［J］. *Land Use Policy*, 2009, 26（1）：95－103.

［107］Wu Z, Liu M, Davis J. Land consolidation and productivity in Chinese household crop production［J］. *China Economic Review*, 2005, 16（1）：28－49.

［108］Zhang, L. X., J. K. Huang, S. Rozelle, et al., Land Policy and Land Use in China［C］. *Organization Economic Cooperation & Development*, 1997：71－77.